OS ROSTOS QUE TENHO

OS ROSTOS QUE TENHO
NÉLIDA PIÑON

1ª edição

EDITORA RECORD
RIO DE JANEIRO • SÃO PAULO
2023

CIP-BRASIL. CATALOGAÇÃO NA PUBLICAÇÃO
SINDICATO NACIONAL DOS EDITORES DE LIVROS, RJ

P725r Piñon, Nélida, 1937-2022
Os rostos que tenho / Nélida Piñon. - 1. ed. - Rio de Janeiro : Record, 2023.

ISBN 978-65-5587-753-3

1. Piñon, Nélida, 1937-2022. 2. Escritoras brasileiras - Biografia. I. Título.

23-83570
CDD: 928.69
CDU: 929:821.134.3(81)

Gabriela Faray Ferreira Lopes - Bibliotecária - CRB-7/6643

Copyright © Herdeiros de Nélida Piñon, 2023

Todos os direitos reservados. Proibida a reprodução, armazenamento ou transmissão de partes deste livro, através de quaisquer meios, sem prévia autorização por escrito.

Texto revisado segundo o Acordo Ortográfico da Língua Portuguesa de 1990.
Direitos exclusivos desta edição reservados pela
EDITORA RECORD LTDA.
Rua Argentina, 171 – Rio de Janeiro, RJ – 20921-380 – Tel.: (21) 2585-2000.

Impresso no Brasil

ISBN 978-65-5587-753-3

Seja um leitor preferencial Record.
Cadastre-se no site www.record.com.br
e receba informações sobre nossos
lançamentos e nossas promoções.

Atendimento e venda direta ao leitor:
sac@record.com.br

À amada Pilara Cuiñas Piñon.

À Dalma Nascimento, que dedicou sua vida à procura do enigma que bendiz e amaldiçoa a obra de arte. A mestra que enveredou pelas minhas linhas secretas.

Sumário

Prefácio, *por Rodrigo Lacerda*   11

1. A eternidade   19
2. A estética   21
3. O inventário do homem   23
4. O ideal e o pão   25
5. Onde esteja   27
6. Música   28
7. Inspiração   30
8. Milagres   32
9. Rascunho   33
10. Pobre coração   35
11. Arte pura   37
12. Amada, mãe de brasileiros   39
13. As leituras   40
14. Os murmúrios da língua   42
15. Homero   43
16. Medo   45
17. O Brasil à vista   46
18. Tia Celina e Cleópatra   47
19. Carmen   49
20. A mãe e o bem falar   51
21. Carta à Clarice   53
22. O espanhol de minha casa   56
23. Língua do coração   58
24. Fardo   59
25. A beleza   61
26. Fabulação   62
27. Palavras ao vento   64
28. Aventuras   66

29. Ser brasileira 67
30. Mera quimera 69
31. A arte da invenção 71
32. Sou da América 72
33. Ainda a língua 74
34. Paisagens 75
35. Filiada à arte 76
36. Susan Sontag 78
37. Camões 80
38. A voltagem da criação 82
39. As vozes que ecoam 84
40. Porta-voz 85
41. De que me orgulhar 86
42. Sessenta anos atrás 87
43. Primeiro livro 88
44. A árvore da vida 89
45. Meu mandato 90
46. Os rostos que tenho 91
47. Meus trajes 93
48. Os dias de Clarice 94
49. O dever de criar 97
50. As festas de outrora 98
51. Theatro Municipal 100
52. O olhar simbólico 102
53. Pátio dos encontros 104
54. Minha catedral 106
55. Um veio poético 107
56. A amizade 109
57. Morte anunciada 110
58. A minha península 112
59. Ovelha tresmalhada 115
60. *Crime e castigo* 117
61. Meu Portugal 119
62. Os mestres 121
63. Conceito de brasilidade 123
64. Feminismo 124
65. As casas camponesas 125
66. Lisboa 126
67. A outra margem da utopia 127
68. A minha Scherezade 130

69. A cultura 131
70. *Livro das horas* 132
71. A solidão do verbo 133
72. O português 134
73. A infância na casa dos avós 135
74. O mutismo de Deus 137
75. Cotobade 139
76. *A república dos sonhos* 140
77. Nossa Senhora de Borela 142
78. O prazer de pensar 144
79. A imigrante 146
80. A família 148
81. Peito alheio 150
82. O amigo Rubem 152
83. Vim de longe 157
84. A avó amada 159
85. O meu Rio 161
86. Cassandra 163
87. Antiguidade 164
88. O primado da arte 166
89. A intuição 168
90. A aldeia do pai 169
91. As histórias 171
92. A criação 173
93. *Uma furtiva lágrima* 175
94. A presidência da ABL 177
95. A imaginação 180
96. As amarras 181
97. O jubileu 182
98. Minha imperícia 184
99. O dom da astúcia 185
100. Sou romancista 186
101. Anchieta, o senhor da língua geral 188
102. O ilustrado Pedro II 190
103. É penoso ser mortal 193
104. *Fundador* e a loja da rua 42 194
105. Vargas e a menina Nélida 195
106. Os registros 196
107. Sou de uma sociedade secreta 197
108. Cosmogonia galega 200

109.	Gabo	201
110.	Quem somos nós	203
111.	O mapa	204
112.	O jogral Martin Codax	206
113.	O que motiva a vida	207
114.	União Ibérica	209
115.	Eduardo Lourenço	211
116.	Vísceras	213
117.	Mateus e Sagres	215
118.	A América é um mito	217
119.	Viagens atlânticas	218
120.	O coração brasileiro	220
121.	A cultura é real	222
122.	Questões fundacionais	223
123.	O rosto de Clarice	225
124.	O triste pão de cada dia	228
125.	Resignação	230
126.	Bastarda	232
127.	Gosto do meu sangue	234
128.	O meu teto	236
129.	Ser moderna	238
130.	Sou brutal	239
131.	A mulher e sua psique	240
132.	A vida de hoje	241
133.	Sempre Vila Isabel	243
134.	A ficção e a não ficção	245
135.	Politicamente correto	246
136.	Criação libertária	248
137.	A fala do papiro	249
138.	O personagem	250
139.	Para amar a língua	251
140.	Onde a arte se esconde	252
141.	As tentações estéticas	255
142.	Influência de Clarice	256
143.	A vaidade	257
144.	Pandemia	259
145.	Sucessores	262
146.	Gostar em estado de graça	264
147.	A fantasia	265

Prefácio

Por Rodrigo Lacerda

"Em meio ao turbilhão, busco a raiz poética do texto. A carne verbal que descreve o vizinho, minha réplica. Com o intuito de me familiarizar com as fundações do mundo." Assim Nélida Piñon define, em *Os rostos que tenho*, sua relação com a literatura. É difícil encontrar, na obra de qualquer grande artista, formulação mais completa e sintética.

Nélida lançou seu último romance, *Um dia chegarei a Sagres*, em 2020. Tinha então 83 anos. Os dois anos seguintes, até o dia 17 de dezembro de 2022, quando faleceu aos 85 anos, foram de atividade intensa, como sempre. Ela se fez presente nos lançamentos das edições estrangeiras e nas premiações de seu novo livro, compareceu aos lançamentos dos colegas, deu palestras pelo mundo afora, participou de congressos e do júri de importantes prêmios literários, tomou parte nas cerimônias da Academia Brasileira de Letras e, claro, deu entrevistas, muitas entrevistas. Em meio a tantas demandas, ainda encontrou tempo para pensar no que, após sua morte, permaneceria. "Desde menina entendi que precisava deixar rastros. Eles são fundamentais para sua existência, sua arte, o que você é", dizia.*

---

* *O Globo*, 17 dez. 2022. Disponível em: <https://oglobo.globo.com/cultura/livros/noticia/2022/12/em-2021-nelida-pinon-doou-8-mil-livros-ao-instituto-cervantes-do-rio-preciso-deixar-rastros-disse.ghtml>. Acesso em jun. 2023.

De um lado, cuidou de preservar sua memória material. O primeiro passo foi organizar sua biblioteca e seu imenso acervo de fotografias, documentos, cartas, originais manuscritos e datiloscritos. Em novembro de 2021, este trabalho resultou na entrega oficial de um conjunto de documentos ao Instituto Cervantes de Madri, a ser guardado na chamada *Caja de Las Letras*. Tal honraria, reservada a expoentes da cultura hispânica, permitiu que uma pequena parte de sua memória esteja agora protegida em um verdadeiro cofre-forte, existente no prédio-sede da instituição por ele haver abrigado, tempos atrás, o Banco Central espanhol. Por fim, em junho do ano seguinte, poucos meses antes de falecer, Nélida inaugurou, no Instituto Cervantes do Rio de Janeiro, a Biblioteca Nélida Piñon, contendo aproximadamente 8 mil volumes, a maioria deles de literatura hispânica, hispano-americana e brasileira.

De outro lado, Nélida tratou de preparar seu testamento literário, *Os rostos que tenho*. Ainda enquanto escrevia o último romance, ela já tomava notas e fazia curtas gravações sobre temas a serem abordados no futuro. Uma vez publicado *Um dia chegarei a Sagres*, Nélida pôs-se a reunir e finalizar o material já esboçado, produzindo ainda boa quantidade de textos novos, que complementavam o desenho da obra e davam a ela um encadeamento ao mesmo tempo livre e coerente. Em outubro de 2022, ainda com o título temporário de *Andanças de Nélida*, o livro estava pronto, com ao todo 147 capítulos curtos. Após uma rápida troca de ideias com a editora, em que outras opções de título, extraídas do próprio texto, lhe foram sugeridas, ela bateu o martelo por *Os rostos que tenho*, que dá nome ao capítulo 46.

A composição fragmentária de *Os rostos que tenho* guarda semelhança, em alguma medida, com a forma do diário. A fluência da leitura, como nos diários, é criada não pela estrutura do texto, ou por um encadeamento linear dos temas abordados, mas pela costura invisível que une todos os fragmentos. Tal costura decorre de algo que está além da estrutura, e que atravessa todo o conjunto: a subjetividade de quem escreve e sua biografia. Mas aqui, ao contrário do que costuma acontecer nos diários, o texto nunca se desperdiça em um tratamento rasteiro das memórias, das pessoas e dos eventos mencionados. Sem tempo a perder, ao sentir a morte próxima, Nélida estava atenta apenas ao que realmente importa, extraindo de cada lembrança, por mais banal, o máximo de emoção.

Certos temas estão presentes em uma quantidade maior de capítulos/fragmentos, formando, assim, os grandes eixos do livro. Pelo menos três deles se destacam. O primeiro, familiar aos leitores de sua obra, é a origem galega dos avós e sua ligação umbilical com a cultura espanhola (Nélida chegou a morar na Espanha, entre 10 e 12 anos de idade). Brasileira e carioca, nascida em Vila Isabel, um "promontório do Brasil",* desde criança Nélida foi marcada por esta dupla face de suas referências culturais. Tinha plena certeza de que a condição de filha de imigrantes foi decisiva em sua formação: "cedo li romances e poesia no idioma espanhol. Uma língua que ingressara no meu imaginário para torná-lo universal." A língua portuguesa, por sua vez, "esponja de fel, mel e prata", estaria sempre na base de sua vida e de sua literatura: "Sinto até o gosto das palavras rolando pela boca, entre os dentes, triturando impiedosas os meus sentimentos."

A condição de neta de imigrantes é abordada ainda em belos retratos familiares, lembranças pessoais da infância e da juventude, reflexões culturais e históricas. Fica evidente que Nélida, embora examine várias facetas deste e dos outros eixos temáticos e biográficos, desdobrando-os a cada menção, nem por isso o faz em uma sequência metódica e previsível, muito menos com o intuito de esgotar seus significados. O pensamento da escritora como que flutua, com os temas e seus desdobramentos indo e voltando no correr do livro.

Um segundo eixo inescapável é a relação de Nélida com a literatura. Este também se forma e se desdobra a partir de inúmeros fragmentos, variados na superfície, mas ligados pela matéria essencial. Alguns de

---

* Daqui em diante, todas as citações são tiradas desta edição de *Os rostos que tenho*.

seus subtemas são: as leituras fundantes — a Bíblia, Homero, Machado, Quevedo, Shakespeare, Camões, Dostoiévski, Gregório de Matos e, entre outros mais, José de Anchieta, que, "mal chegado às novas terras, injetou no imaginário brasileiro uma noção estética original"; o olhar em retrospectiva para alguns de seus livros mais notáveis — *Guia-mapa de Gabriel Arcanjo*, o livro de estreia, *A república dos sonhos*, versão ficcional da história da imigração galega para o Brasil, e *Vozes do deserto*, seu tratamento feminista da clássica história da princesa Sherazade; seus princípios estéticos — o ideal humanista de combinar a grandeza dos clássicos com a pertinência dos modernos, o erudito e o popular, o grande e o pequeno, "a luxúria do corpo e do espírito"; a natureza da criação, "sensível ou penosa", e o "dever de criar"; a carreira literária em si, repleta de prêmios e amizades — entre outras, com Clarice Lispector, Rubem Fonseca, Susan Sontag, García Márquez, Vargas Llosa e Eduardo Lourenço; e, claro, a experiência como primeira presidente mulher na história da ABL, no biênio 1996-1997.

O último eixo temático que se destaca em *Os rostos que tenho* é de cunho mais pessoal e confere à obra o tom grave predominante. Trata-se do balanço da vida na vizinhança da morte, ponto em que a própria Nélida admitia estar: "Dou-me conta do quanto é pungente conjugar ao mesmo tempo a natureza de mulher e de mortal." Ou, em outra passagem: "Luto para meus dias serem festivos. Só por estar viva, mesmo sem razão concreta, ergo a taça da ilusão. Sem esquecer que, quase à beira do fim, resigno-me a aceitar retrocessos, as sobras de meu corpo atual, um esqueleto que no entanto ainda se alimenta e tem sede."

Os rostos de Nélida se sucedem, mas não se limitam a iluminar ângulos diferentes dos três grandes temas do livro. Ocorrem aparições fugazes de rostos talvez menos constitutivos, ou menos predominantes, mas também com fortes raízes em sua subjetividade. A música é um deles.

Na primeira referência direta ao assunto, ela menciona o sonho de, por algumas horas, viver com a voz de Maria Callas, a cantora de ópera que "tinha mais de dois mil anos de tragédia grega nas cordas vocais", e diz-se, embora fiel ao ofício da escrita, atraída pelo canto lírico, "parte do espetáculo humano". Adiante, ela torna ao assunto, descrevendo o que representou para ela, na juventude, o Theatro Municipal do Rio de Janeiro: "O cenário de uma iniciação que desabrochou emoções e o espírito da crença. [...] Naquele palco o horizonte alargava-se para me envolver. Eu cabia nele por inteiro. Ali batia à porta do céu a fim de dialogar com um Deus singelo que vinha frequentemente à terra para se entreter com os homens." Em outro fragmento, Nélida conta a saborosa história de seu fracasso como aluna de canto coral, nas aulas da primeira esposa de Villa-Lobos, quando ainda menina se vê relegada à condição de quarta voz, no "fundão" do coral: "O fato é que fiquei à parte, como se não existisse. Ainda assim, eu cantava, desafiava, sofria." Vale ressaltar, aqui, a sutil piscadela que a escritora dá aos leitores, quando escolhe o verbo "desafiar", e não "desafinar", opção também perfeitamente adequada à frase e que fica ecoando em nossa cabeça. Ao fazê-lo, enfatiza o temperamento forte e a obstinação da jovem que era, características, para todos que a conheceram ou pesquisam sobre sua trajetória, típicas de Nélida em qualquer idade.

Dançando em volta dos temas centrais, esses outros rostos fugazes continuam a tratar de assuntos diversos: a dimensão física e espiritual da comida, os cinco sentidos e a materialidade das coisas, a religiosidade, o feminismo, a natureza humana e a "estética do destino". E há, também, combinações entre os subtemas. As sensibilidades para as línguas e a música, em dado momento, se igualam e são associadas aos sentimentos, estes sim o carimbo de autenticidade para todos os meios de expressão. Deste lugar central da emoção em sua forma de ver o mundo e as artes, decorre não apenas o fôlego universalizante de Nélida como escritora — "A cultura de cada qual é um assombro" —, mas sua capacidade de enxergar, tanto no mais elevado quanto no mais cotidiano, os sinais de humanidade que a interessavam ao compor seus enredos e personagens — "O amor e as panelas querendo dizer a mesma coisa".

Sobre os assuntos brasileiros na ordem do dia, *Os rostos que tenho* também guarda algumas surpresas. Embora louvando a universalidade de nosso povo — "Portanto, ao ser brasileira, sou grega, sou romana, sou egípcia, sou hebraica. Sou todas as civilizações que inexplicavelmente aportaram neste acampamento brasileiro" —, Nélida, conhecida pela gentileza e diplomacia, é bastante dura com as contradições historicamente mal-resolvidas da civilização nacional: "Nascemos da mestiçagem. De um universo impregnado de ficção, do faz de conta. Sem saber a quem devemos uma noção de realidade concebida como uma invenção pessoal que repudia os projetos coletivos. Um realismo pautado por forte dose de fantasia que faz parte da índole social. // Para os brasileiros, aparentar o que não somos, exibir o que não temos, é essencial. Enquanto simulamos a posse de bens que, de fato, pertencem ao vizinho, afirmamos que somos amigos do rei, comensais da mesa do poder. Com que facilidade insinuamos ser íntimos de quem desfruta da fama. Tudo para ostentar um valor que não temos. // Tal dança de aparência há muito instalou-se na alma nacional. Uma influência talvez devida à Península Ibérica, na vigência do século XVI, antes mesmo de existirmos como nação. Sem dúvida um comportamento que não obstante vindo de muito longe provocou efeitos persuasivos. E que, na tentativa de interpretá-lo, obriga-nos a viajar pelo interior da história das nações das quais procedemos."

Nélida parecia ter há muito resolvido, dentro de si, o conflito entre independência crítica e respeito às tradições. Como se nela a motivação para o debate, a atuação pública e a defesa da liberdade, individual ou coletiva, viesse justamente dos princípios essenciais das tradições, fossem religiosas, sociais ou estéticas, e não de suas deturpações limitadoras. Isso é explicitado, por exemplo, nos capítulos 53 e 59. O caráter essencialista da arte, sobretudo, e várias passagens o reafirmam em *Os rostos que tenho*, é para Nélida aquilo que, acima de tudo mais, torna a humanidade capaz de superar as diferenças e os traumas da história, preservando o positivo do passado e corrigindo o negativo no presente. A literatura, claro, é peça essencial de seu projeto civilizatório. Basta voltar à citação que abriu este texto para se verificar que a linguagem, "a carne verbal" que descreve o vizinho, é o meio de ratificação da humanidade compartilhada e de acesso às "fundações do mundo".

Haveria ainda muito a se falar sobre o testamento literário de Nélida Piñon e seus rostos mutantes, ou, como diz o capítulo 46, suas "máscaras". É melhor, no entanto, deixar que os leitores se surpreendam com o livro. E se emocionem com as derradeiras perguntas que Nélida deixa no ar, vendo próximo o fim de uma vida inteira dedicada ao poder de invenção e reinvenção pelas palavras: "Meu Deus, e o que passará com o português que ora falo? Quem matará em breve minha fala, envelhecendo-a de modo que não a entendam? Como eu deteria o impulso demolidor contido em todos nós?"

1. A eternidade

Deus é tão palpável quanto um pedaço de pão. Apieda-se da fome humana enquanto impõe-nos seu intransigente decálogo. E dissemina existir um paraíso onde nos abrigaremos no futuro. Vale, pois, crer em tal divindade.

Contudo, sei que o mundo educou-me. Como mestre e carrasco, ditou as regras passíveis de avanços, recuos e exaustivas negociações. De acordo com um código imperfeito, propenso a imolar-me, a forçar-me um falso ajuste com a realidade. Mas que, ao arrastar-me à beira do abismo, ensinou-me a retroceder.

Sei que vivo sem rede de segurança, guiada pelo veneno da paixão que a vida inocula. Aquela poção mágica que Tristão e Isolda ingeriram no barco, ao irem ao encontro do rei, de imediato imergiram eles nas malhas de um delírio que se legitimou para sempre no imaginário amoroso do Ocidente. Como consequência assumo a condição de peregrina que amparada no bastão de carvalho venço o Caminho Francês, a Via Láctea, e chego finalmente à cidade de Compostela, na praça do Obradoiro, de onde contemplo a fachada da catedral consagrada a Santiago, cuja rota de milagres desafia a imaginação humana. Mas aquela construção gótica é sem dúvida um prêmio para a alma. A minha, em especial. De brasileira e de um ser melancólico, que busca a grandeza em uma formiga.

Mas indago, em momentos de fortaleza, se não será um retrocesso para a minha busca do céu trilhar a paisagem que me levará à morte?

Resigno-me, porém, enquanto tomo um café com leite e mergulho o pão no líquido quente. Gesto aprendido com os camponeses de

Borela que, nas manhãs de inverno, gozavam dos frutos da terra com meio sorriso no rosto, e o cigarro pendendo da comissura dos lábios.

Nestes instantes, na iminência de partir para onde não sei, eu mesma me batizo debruçada na pia de mármore de uma capela visitada à tarde. Quando pergunto se estou pronta para morrer e quem há de carregar meu caixão com zelo e depositá-lo na terra santa que não será a de Jerusalém. Antes, irei para a sepultura da família, bem na aleia de entrada do cemitério de São João Batista, por onde espalhamos os ossos calcinados dos meus mortos. Mais provável, porém, é ser encaminhada para o mausoléu da Academia Brasileira de Letras, onde me aguardam os restos mortais de minha mãe Carmen.

Sigo sem me deter. Isto é, conto com a imaginação célere, andarilha, sem rumos certos. Mas, graças a tal empenho, encolho a alma para que não me perturbe mais. Ela é indomável e eu repudio seus excessos. Deste modo apago o ímpeto da aventura que me assola desde a infância. A mania que tenho de estar onde não me encontro. De percorrer a savana, galgar as Montanhas Rochosas, como se eu fosse aqueles homens felpudos, não por conta dos pelos naturais do corpo, mas por se vestirem de peles dos animais abatidos.

Mas como salvar-me na condição de mulher e escritora? A prudência, que é benfazeja, mesmo respeitável, aconselha que me refugie em alguma gruta, longe dos bichos que querem se abrigar nas minhas entranhas. Temo os bárbaros que se acercam em número crescente. Como aqueles chefiados pelo visigodo Alarico, que, em plena vigência do século IV, avançou em direção a Roma, aterrorizando o centro do poder do mundo. A ponto de intimidar Agostinho, o bispo de Hipona, cuja sentença, que li na adolescência, aliviou-me o peso do desejo da carne, dizendo enfático: "Senhor, fazei-me puro, mas não já." Levando-o a abandonar a cidade que congregava senadores e escravos. A invasão de semelhante horda forçando o teólogo, o autor da *Cidade de Deus*, a fugir.

Não me distancio dos episódios históricos. São pedagógicos. Sugerem-me aconchegar no coração alheio, que para mim tem nome e sobrenome, onde jaz a esperança de dias solares, onde haja sombra e uma réstia de amor.

2. A estética

A estética tem rosto, posso vê-lo. É a parte exposta da arte. É o que se enxerga e o que se supõe. Uma matriz primacial ao abrigo do conjunto das ações humanas. Sob os auspícios da cultura, que é uma argamassa comum a todas as manifestações criativas, ela também é adversa, contraria interesses, como os da vanguarda e os clássicos. Modela um caráter que oscila entre o benéfico e o insidioso. Assim, no exercício da arte, a estética é difusa, inconsútil, arcaica, carnal, mística, transcendente, arqueológica, vasta, profunda, tradicional, contemporânea, sobretudo mestiça. Rege uma imaginação propícia a expressar as contradições que permeiam o inquieto e insensato coração humano, sempre na iminência de naufragar diante de tantos subterfúgios da arte e da existência de Deus.

Desde remota Antiguidade, é forçoso reconhecer que os fundamentos indisciplinados desta criação advêm do caldo da experiência vivida e da exacerbação do caos. Coube-lhe, porém, responder pela língua, pela colheita das batatas, alimentar nossa atração pelo cósmico. E ainda inventariar o cotidiano e as diversas maneiras de amar e odiar. A fome do pão e do ouro.

Onde estejamos, em Micenas, sob a égide de Agamenon, ou no Rio de Janeiro, a arte suscitou alvoroço. Atravessou o ápice da tragédia grega, o panteísmo de explosão feérica que sujeitava os homens ao beneplácito dos deuses, até o advento do Cristo de discurso revolucionário. No curso de tal gesta de feição poética, inerente ao seu nascedouro, a arte repudiava expurgos, as fronteiras entre o sagrado e o profano, abraçava o fáustico, o contencioso, o lúbrico, a carnalidade abrasiva. Isto porque, sendo a moral da arte fundamentalmente espúria, ela prestava serviços indistintos a todos os povos, a todas as classes, a todos os tempos, às civilizações havidas.

A arte, que se exprimia por meio da estética, esteve sempre no mundo. Desde o alvorecer inicial foi um salvo-conduto para acionar atividades que multiplicaram o repertório das ideias e dos feitos. Até tornar-me usufrutuária de suas escrituras sagradas, de suas benesses, da plenitude de uma função que me levou ao âmago do saber. À compreensão de não caber à criação espargir falsas noções paradisíacas, pacificar contrários, erradicar divergências, facilitar reconciliações. Pois ao ser a arte mercurial, havendo aflorado de condições desfavoráveis, do arsenal de metáforas, das fabulações, dos sentimentos inaugurais, coube a ela emoldurar o sublime, o monstruoso, o onírico, o nefando. Igualmente injetando no ato mesmo de criar a turbulência anímica capaz de metabolizar a existência. De implantar no espírito do criador a semente da inquietude, da inconformidade, da perenidade do verbo. A adoção enfim de uma crença que afugentava a realidade mesquinha e a projetava ao centro do mundo. Eis a estética da alma.

3. O inventário do homem

A quem devo apresentar o balanço deste final de ano, como se eu fosse uma pessoa jurídica, e não uma simples mulher? A quem expor meus feitos, temendo que me cortem a cabeça, quando estou disposta apenas a ceder o meu coração?

Quem baterá à minha porta pedindo satisfações dos meus desacertos, apontando-me à plateia dos lobos e dos homens, criaturas sem ternura e misericórdia? Quem, sabedor dos malogros humanos, do triunfo do mal, apieda-se da intrincada história da nossa espécie?

Quem me dirá, diante do espelho e do reflexo da minha inóspita agonia, que sou secreta, não sei resguardar-me dos entraves do cotidiano fugaz, banal e impiedoso? E que, como os demais, mergulho insegura no vale das atribulações humanas?

Quem é este que, identificando os meus mistérios, de barba hirsuta, apoiado no cajado, de aparência de profeta, eleva a voz e proclama minha irrenunciável condição de filha de Deus, do mundo, dos conflitos que há milênios atingem a terra?

Quem repetirá, à beira da cama, palavras que decerto não foram alinhavadas pelo engenho e pela carência dos homens? Quem me visitará com o impulso de um anjo de asas redentoras, tão logo chega à casa e já está pronto a deixar-me, a solicitar que eu registre a face do mal em vivo contraste com a sua melancólica beleza. Só assim protege-me contra o falso aparato do universo contemporâneo.

Quem me sussurrará enredos forjados pela memória dos povos, que entre outras belas intrigas ainda hoje menciona as Bodas de Canaã?

Aquele momento em que Jesus, instado por voz de mulher, pela primeira vez assumiu o seu caráter de filho dos homens?

Quem me ensinará as regras de ouro da cortesia humana? Abrirá em meu nome as portas do peito alheio, para eu desfilar pelas artérias do amor, das perplexidades que desde a Mesopotâmia perseguem os homens?

Quem me tomará pelas mãos e indicará meu assento à mesa do Senhor, junto aos demais convivas, levados todos também por Ele, que é puro mistério gozoso? Quando, então, bafejada pela fortuna, sob forma de vitualhas, de vinho, de frutos secos, buscarei em torno quem me conduziu até ali, decerto ciente dos riscos de nunca mais voltar a encontrá-lo.

Quem me consolará na hora do perigo? Para que quando me veja cercada de sombras, as trilhas do mundo obstruídas pelas trevas, prestes a precipitar-me do desfiladeiro, este alguém envolva-me com o manto do afeto, que é uma rede de malha fina, propícia a capturar seres e peixes. E faça-me nesta hora conhecer a mesma contemplação que outrora animou os místicos que levitavam em nome da fé.

Quem me fará conhecer os decálogos dos homens, enquanto me instiga a respeitar em especial aqueles nascidos das minhas convicções? É forçoso não ser dominada pela sabedoria que me afunda no pessimismo e na incredulidade.

Quem escandirá meu nome com a doçura dos mártires? Aquela voz resignada que lhes veio após o conhecimento de Deus. Justo quando eliminaram da memória a dor sofrida por haverem defendido o nome do Senhor ante os homens sem fé.

Quem dirá: eu te amo, filha, sob minha guarda não conhecerás as desventuras? E murmurará no futuro que havendo chegado minha hora, não temesse a escuridão? Há sempre a promessa da luz. Devagar aprenderia a renunciar à condição humana. A mais penosa e difícil viagem.

4. O ideal e o pão

Excedo-me ao falar da comida. Este farnel que assegura a sobrevivência e diz-nos que sem o pão devoraríamos a carne do outro como ávidos canibais. Meros bárbaros que, vítimas da fome, apagariam os vestígios da civilização.

A côdea de que falo encarna o ideal da vida. No centro da mesa rústica, à vista de todos, guardada na cesta de vime, parece assegurar que a finitude é certa. E cada vez tenho menos fome. Amo a mesa farta, um gosto que herdei do avô, mas dispenso sucessivas garfadas. Prefiro que a sopa me salve, por ser líquida. Evoco o sacrifício dos cistercienses que, predispostos à morte, sob a prática do cilício, que provocava uma dor redentora dos pecados, cumprimentavam-se dizendo uns para os outros:

— Morrer havemos.

Contando com a resposta:

— Já o sabemos.

Busco então um pano de prato que sirva para guardar o sudário, réplica daquele do Cristo. Um semblante desenhado pelo sangue e pela agonia. Não bastando, um catre com pregos na beirada, para eles, e igualmente para os anacoretas do deserto, todos em busca de uma santidade que não estragasse suas almas.

Luto para meus dias serem festivos. Só por estar viva, mesmo sem razão concreta, ergo a taça da ilusão. Sem esquecer que, quase à beira do fim, resigno-me a aceitar retrocessos, as sobras de meu corpo atual, um esqueleto que no entanto ainda se alimenta e tem sede. Voraz, arbitra fora dos seus limites, usando, com certa elegância e a meu favor, os vocábulos da língua lusa. Sigo também inventando sem temer meus possíveis desastres. Até publico livros indiferente a que me aplaudam. Já cumpri minha missão quase evangélica. Não me importa como me veem, vale como me olho no espelho. O cristal que complacente devolve-me o rosto que oferto ao mundo. Meu banquete histórico. Meus olhos que tudo enxergam, a face que os demais desfiguram pensando me mortificar.

Enquanto as horas avançam, elas imprimem rugas, cicatrizes no meu todo, e que serão amostras arqueológicas a serem estudadas no futuro.

5. Onde esteja

Onde esteja, mesmo no inferno, ali chegarei intacta, como sou. Na condição de senhora dos recursos que exponho sobre uma salva de prata.

Ora no escritório abarrotado de figuras fictícias, concentram-se enredos pejados de conflitos, que sorvo assombrada. Frutos da minha invenção, eles também me amarguram. Mas anoto cada frase, sempre hão de servir. Embora confie na memória, sei que ela tergiversa, propícia a trair.

Às vezes, em meio à jornada, penso nos salmos do rei Salomão que se repartiam entre a sabedoria e a luxúria. Filho de Davi, ele pregava cautela para governar, advertia a si mesmo dos perigos da vaidade, que anunciava a ruína.

Neste gabinete que tem à frente as águas da Lagoa, disperso-me como é inevitável. Vou de Salomão a Nabucodonosor, cujo nome sempre me atraiu. Vivo, sem simultaneidade, fazendo as pilhagens necessárias às metáforas e aos adereços da linguagem. A fim de realçar o engenho humano albergado nos incunábulos. Meus rabiscos, ao nascerem deles, esforçam-se em pisar o chão sagrado da minha poética.

Os papéis me cercam. Eles têm validade relativa. No entanto, no seu grave mutismo, afirmam que de alguma folha ora em branco talvez brote uma arte bafejada pelo espírito do verbo.

Assim agi sempre, inadvertida, mas confiante. A caminho dos labirintos humanos, carregando nas costas monarcas e mendigos, dando-lhes existência. Mas quem me alenta nesta empreitada criativa será meu cúmplice, me socorrerá? Ou devo aguentar sozinha os dias instáveis, os que me convocam a desistir?

Contudo, antes de me despedir, purificarei meus sentidos, o jogo maléfico da paixão que é minha desmedida. Mas como? E haverá tempo?

6. Música

Ouço música e estou a salvo. As notas musicais golpeiam-me com sua secreta misericórdia, afinam-me os sentimentos. Elejo então o compositor que há de me aliviar das incertezas que me incendeiam. Apronto-me para ser todas as linhagens do mundo ao mesmo tempo. Em recente temporada em Portugal, com casa montada em Lisboa, ouvia sem cessar, a partir do amanhecer, trechos da tetralogia de Wagner, cujas trilhas sombrias, míticas, sempre dramáticas, impulsionavam-me a prosseguir a despeito das dificuldades que eu sofria.

Retornei ao Rio com excesso de bagagem. Manuscritos, livros e latas de sardinha. Para este romance intitulado *Um dia chegarei a Sagres*, eu contava essencialmente com a solidão, tempo infinito e serenidade. Dona de uma história que me despertava aquelas chamas amorosas guardadas intactas para a literatura. No entanto, mesmo quando me defronto com uma página insípida, prossigo em busca de súbita revelação. Não desisto do talento humano. Sou vocacionada para admirar meus confrades.

Diante de um dia produtivo, ergo-me invicta. Após haver dado o bom combate paulino com a palavra, a coragem de embrenhar-me pelo desconhecido que a arte dá guarida, agradeço. Aliás, a literatura sempre me sussurrou que valia qualquer sacrifício por ela. Pela magnitude de Homero, meu pai.

Fazem-me bem os desvarios da criação, a febre que arde o corpo. Quando as frases afiançam-me que trilho as vias corretas. Mas os erros que surpreendo no curso da narrativa urgem que eu altere, acrescente, elimine, agrupe o que seja, siga por onde não havia estado antes.

Identificar o que ainda não existe no livro é uma lição definitiva. A luta enfim por cobrir as lacunas existentes, o que ficou fora em vez de estar dentro. Ter igualmente o valor de ampliar o relato que clama por atenção, por lhe faltarem partes essenciais. Havendo que projetar luz sobre suas lacunas, regar o que está na iminência de nascer do solo criativo. Prazer máximo talvez seja, tão logo se termina o romance, estar ciente de haver ultrapassado os próprios recursos, e sentir-me rendida, alquebrada.

7. Inspiração

Extraio seiva da anatomia e das árvores brasileiras. Qualquer aspecto da realidade chama-me atenção, é suscetível de aportar vida e inspirar-me. O peito ruge a qualquer provocação e condena a apatia que mortifica. Tudo que clama tem forma de refinadas volutas e transporta-me por milagre às ruínas da abadia de Cluny, onde Deus esteve séculos atrás. A germinar um sentimento inefável, próximo do poético. Agradeço o que surge das trevas do mundo.

Às vezes a visão que emerge de algum recanto mal enxergo. Falta-lhe nitidez, ou mesmo razão de existir. Ameaça evanescer, resguardar o seu mistério. Mas sei lidar com o silêncio da vida. Logo hei de recolher os cacos com os quais reconstituo o vaso grego de outrora. Não tardará a chegar a inspiração que busco. Desde o amanhecer vou ao seu encalço, e o que seja é pretexto para meu arrebato. Também os grotões, de dentro da terra, propagam a esperança de que em breve a matéria do desassossego, que é a criação, estará ao meu alcance. Convém aguardar o advento do verbo que se esconde no depósito onde a vida se anima.

Na expectativa da próxima criação, acomodo-me no escritório. Simulo que há ali uma esquina de onde vejo passarem transeuntes e bigas romanas. Tudo mais que invente sentada no meu trono tem relação com as forças invisíveis. Não é mero produto de qualquer inspiração ordinária. Fabulo, mas sem ilusões. Só disponho de peles e ossos. Contando com tão pouco, sigo esbarrando nos objetos que converti em anjos ou mesmo em demônios. Quantos deles esbanjei sem piedade.

Quando indago sem mais quem sou diante das adversidades e da invenção, súbito as frases advêm, são hábeis, dão início a uma narrativa à guisa de alento, sob forma que moldo a meu gosto. Impulsionam-me elas a criar, gritar, protestar. Mas sou senhora agora de um reino guiado pelo verbo. Plena de palavras, disponho de imagens, percepções, milagres. Agrilhoada à criação, envenena-me a paixão. Darei luz à frase, mesmo a que seja minha inimiga. É um feito heroico. As sentenças que se aglomeram alardeiam o *fiat lux*. Dou razão a uma algaravia que enaltece os sons nascentes. Outras se sucedem em uma volúpia. Soltos, os parágrafos se prodigalizam sob o império de um impulso que deriva do germe do enigma de que careço. E aceito.

8. Milagres

Ingressei cedo ao mundo dos milagres ao ver na casa da avó Amada um recanto onde se juntavam imagens e velas. Decerto um altar secreto cuja religiosidade parecia crescer com os anos. Tudo disposto a fazer os pedidos que nos aliviassem das desditas. Não havia tantos santos assim, eu que imaginei serem muitos.

Colados à parede os aflitos depositavam bilhetes com a esperança de serem atendidos. Apelavam a deuses, duendes, até gnomos, além do próprio Deus todo-poderoso.

Eu mesma bati à porta do altar onde se guarneciam as revelações que ditavam o rumo da fé. Só mais tarde percebi que a realidade multiplicada em muitas facetas não tinha rosto único. Propícia, portanto, a enganar-me com suas variadas versões, com seus sortilégios que circundam o humano. Uma circunstância que a cada instante se apresenta com nova roupagem para fazer jus à vida. Não sendo mera réplica, mas uma versão original do mundo, uma construção responsável por uma natureza soberana.

Daí crer que qualquer aventura narrativa cabia dentro do marco do cotidiano, compatível com os recursos de nossa imaginação. Não estaria fora do nosso entendimento. Assim como qualquer caso de amor entre antípodas, entre animais de quatro e duas patas. As distorções e as incongruências fariam parte do jogo amoroso, podendo ser conclusivo e atingir o ápice do prazer. Teria o bem-sucedido escopo de uma história de epílogo feliz. Respondesse eu ou não pelo que havia em suas crateras. Seria sempre um enredo tecido pela minha humanidade.

9. Rascunho

Parece ter sido ontem que renovei os votos de vir a ser uma escritora brasileira. Desde a época em que descobri ser melhor a vida vinda de fora das paredes do lar. Quando convinha cruzar a porta a fim de participar das agruras do céu e do inferno, da odisseia humana. Sempre com o propósito de viver segundo os livros que o pai Lino me trazia. Com eles eu ria, chorava, motivada pelos personagens voluntariosos, mas heroicos, como Nayoka e Winnetou, o chefe apache. Juntos, eles, com os demais, dando seguidas provas de valentia, então compatíveis com meu ideário. Na ocasião eu pensava que os livros nasciam de confissões, das vivências pessoais dos escritores. Até perceber que o epicentro deles dependia da inventiva, dos motores do relato. Portanto de ditames ao meu alcance desde que eu acumulasse esta matéria-prima. Uma aptidão posta à prova por meio do trabalho árduo e de um mistério enlaçado com a vida, ambas etapas ensejando o salto mortal da criação. Mas conquanto no início carecesse de condições, encorajou-me ver o que tinha em torno. A genealogia familiar galega, o avô imigrante que com 14 anos cruzou o Atlântico sem bens, como carpinteiro, perdeu um dedo na máquina e não se importou, tudo para ofertar-me um dia a majestade da língua lusa. Contava ainda com memórias arcaicas e recentes, a fabulação fomentada pela música, o teatro, a leitura intensa, as viagens a São Lourenço e Espanha, pelos escombros civilizatórios. Um manancial propício a aventurar-me pelas fendas secretas da narrativa, e cumprir à risca o ritual capaz de desvelar o que jazia no subsolo do verbo. A cobrar da existência o que se resguardava no casulo da arte.

Ao longo desse percurso não recrimino as manias e as obsessões que abracei outrora e não lesaram meu coração, nem me escravizaram. Fora algumas que abandonei para não serem um fardo. Já bastava o peso de criar sem rede. O próprio ofício educava-me a exercê-lo à deriva, entre ondas, no mar dos sargaços.

Com os anos desmitifiquei o prestígio que ronda a escrita, reduzi seus efeitos. Antes, prestes a encenar o advento da criação, vestia-me como se fosse receber um convidado, de fato a visita do verbo. Quem sabe harmonizando a estética da arte com a do meu corpo. Com a ajuda dos pais refugiava-me em alguma pensão do interior para escrever. Buscava subterfúgios que banalizassem o ato da escrita. Também fazia anotações à noite, convicta de que os fantasmas à solta me beneficiassem. Hoje, porém, na maturidade, cumpro solitária e singela a cerimônia da criação. Sou mera anacoreta despojada de haveres.

10. Pobre coração

Ousemos desta vez falar do coração humano. Este órgão que sangra com falso controle e que regula a vida com desmedida autoridade. Este coração que abrigado no peito bombeia a vida com o brutal instinto de um búfalo em desabalada corrida pelas campinas. E que, a cada sobressalto, parece saltar fora da boca como uma rã jubilosa antes de mergulhar no pântano, que é seu lar.

Um coração que não se vê nem mesmo na mais desoladora nudez, e que nos conforta ao garantir-nos um minuto mais de vida. Este coração que os homens romantizam, indicando-o fonte de sentimentos, reduto da paixão, paraíso das ternuras, cenário da cegueira, lugar da ira. Este coração que busca como um abutre a carcaça alheia que lhe sacie a fome.

Mas, em se tratando deste coração, que direção toma ele em defesa dos interesses humanos? Para que lado se inclina seu pêndulo instável e demoníaco, para revelar seu querer mais profundo? Acaso o coração dos homens é sensato, humanitário, generoso, pautado por matéria nobre, pelos bons instintos?

Porventura pode-se confiar em um coração que habitou outrora as cavernas, comeu carne crua e faleceu sob as patas disformes dos animais pré-históricos? Um coração que, milênios atrás, acordando um dia indisposto, conheceu a melancolia? Graças a qual tocou na própria dolorida ferida e descobriu carências inextinguíveis. Quando se soube uma criatura desesperada, solitária, a temer as horas vindouras. Para quem o futuro era uma incógnita, confundia-se com a própria morte. Um coração que desde o início foi nômade, resistia a fixar-se na mesma terra. Servia-se da imaginação para humanizar-se, sem por isso tornar-se melhor, mais sábio, dono de atos certeiros.

Mas que prerrogativas elege este coração ingrato e inconstante para ser feliz? O que mais lhe agrada a ponto de perder o juízo, de agir igual à besta da qual pensou ter-se livrado na sua batalha evolutiva?

Diante de que ser, ou coisa, este coração se declara e conserva-se fiel até o fim dos seus dias? Será o amor a sua folia predileta, a sua sincera perdição? Serão a mesa de jogo, a aventura de descobrir planetas, as matérias que o inflamam a ponto de já não saber onde se encontra? Ou prefere este coração a política, a obra de arte, a glória, a imortalidade, o sexo imperativo?

Afinal, o que faz este órgão pulsar, emocionar-se, guardar-se inteiro para o objeto de sua paixão? Acaso sabemos responder com firmeza, desassombro? Ou a resposta é tão simples que nos leva a adivinhar que o filho predileto do coração, seu desvario, sua derradeira morte, é o dinheiro? O ouro que o magnetiza a ponto de não enxergar senão o que o leva a ganhá-lo, a atraí-lo para as suas vísceras. Esta moeda que se acomoda à perfeição na cama e nas entranhas dos homens.

11. Arte pura

Que alívio acordar e saber que passamos pelo teste da vida e triunfamos. As trombetas não anunciaram a nossa morte. Pelos recantos da terra há indícios de que a vida está ainda ao nosso lado. As narinas arfam como sempre, desenfreadas e irresponsáveis. A roda da fortuna, que gira sem cessar, absteve-se de indicar nos painéis luminosos os nomes para o cadafalso. Há motivos para crer que, integrados ao contingente dos bem-aventurados, sobrevivemos a esta manhã de junho.

Esta sorte, que iguala reis, rufiões, santos, alcoviteiros, pessimistas e inocentes, de repente se desfaz. Por seu comando, cada homem se bifurca e segue o seu próprio rumo. O milagre, porém, que contempla a todos com a mesma matéria corpórea, não serve para aproximar os homens, ou impor-lhes uma fraternidade compulsória. Sempre belicosos, lá estão eles empenhados em destacar as marcas que os diferenciam. Cada um deles tratando de encher a cesta da vida, de multiplicar o pão, segundo as regras de seu mesquinho espírito.

Cingidos assim a uma espécie de estética do destino, andamos solitários pelo mundo. Senhores de uma carcaça a que se concedeu o certificado de livre conduta para estar onde o sonho nos leva. Para desfrutar de uma franquia com a qual se bate às portas do mistério na simples ânsia de sequestrar a magia do cotidiano. Simplesmente para que, revestidos de andrajos, contemplemo-nos ao espelho como um Narciso quase cego, ou como um Orfeu, prestes a perder a voz da poesia.

Tudo porque viver requer atestado artístico. É arte pura. Assunto de virtuoso, que arranca sons afinados das cordas de um Stradivarius, burila palavras ao sabor da invenção, atribui aos gestos um alcance que de verdade lhes falta.

Para cumprir, contudo, as etapas do calendário humano, convém viajar pelo país da alma. Ali alojar-se mediante visto e passaporte. Onde, então, vítimas da ilusão de seus labirintos, escutaremos os ruídos que sua memória intraduzível houve por bem armazenar.

Ao passar de cada ano começamos a esmorecer, subjugados pelos crescentes desafios. Ainda assim a alma perdoa-nos a rudeza, apressa-se em emitir sinais de apreço. Reabilita-nos porque já não prescinde do precário corpo humano, de que ela, aliás, se serve para perambular pela terra.

Sob esta discreta proteção, avançamos em meio à neblina. Na vã tentativa de conciliar um dia o futuro com o enredo da nossa morte. Da parca que nos insta a criar lembranças, que logo deixamos para trás. Como se, na condição de arautos de Deus, anunciássemos o fracasso do projeto humano. Enquanto a tarde vai se pondo e acolhemos a brisa marítima, que nos golpeia a face.

Neste instante, raro e único, cada qual ostenta seus enigmas, as respectivas coroas de espinho das suas vidas.

12. Amada, mãe de brasileiros

Saberiam os avós que nasceriam no lar deles, inicialmente modesto, filhos brasileiros? Daquela avó Amada de suspiros castelhanos, amparados no galego, cujos derrames verbais haveriam de me emocionar para sempre?

Em meio a essa família, cedo li romances e poesia no idioma espanhol. Uma língua que ingressara no meu imaginário para torná-lo universal. Para implantar nele as fissuras que a cultura provoca na sua rota de colisão.

Na hora certa, Cervantes corroborou minha ânsia de aventura. Constatei que convinha ser Ulisses sem ter, porém, a perspectiva de retorno a Ítaca. Logo dei-me conta de que o idioma do Quixote atingia sua plenitude por abastecer-se nas fontes populares. Com o escatológico presente, sem o qual seu deslumbrante texto seria estéril.

Mas, como filha da grandeza de Camões, percebi que o universo cervantino pautava as claves do idioma louvado pelo gramático Nebrija. E, tendo visitado com sucesso o coração da avó Amada, pude rastrear as andanças da língua dela, o seu espanhol, no meu país.

13. As leituras

Leio como vivo. A leitura não deriva somente do prazer estético, traz-me igualmente a seiva da existência. Diz o que ficou atrás e eu não sabia. Revela quem sou, ou passo a ser após assimilar o que estivera até então guardado em uma concha do Pacífico. Tornou-se imprescindível para dialogar com Cervantes e o inglês Shakespeare. E com outros mortos imortais.

Graças aos livros, apreendi o que a ambiguidade narrativa encerrava em seu discurso, o que tinha resguardado. Sempre dúbio, flexível, suas nesgas de luz. Como cada página ilumina e obscurece a matéria que os séculos resistiram em desnudar. Aí incluindo eu, e os demais mortais, os gregos e os teólogos de todas as crenças. E ainda o próprio Deus que estabeleceu, por meio de Isaías e Jeremias, o cânone que certificava qual fala de fato era de sua autoria.

Assim, ao ler, que texto fosse, ganhava a condição de arqueóloga que sonda os mistérios agrupados em formação romana no campo da batalha.

Amei sempre os livros, a transfusão de sangue e de fantasia. Sua delirante poética, sem nexo às vezes e com eco em mim. Os personagens ficcionais e os históricos. Também os santos com o corpo esgarçado. Os mártires da liberdade. O que eles afirmavam para eu duvidar. Mas acatava os saberes advindos dos povos que ao longo dos séculos, em meio à barbárie, à tirania, ao genocídio, foram humanizando a alma perversa. Leio o que seja e lamento minha espécie, mas também me deslumbro com o sublime gênio de alguns de nós. Persisto em saber se vale salvar-nos. Se lograremos no futuro injetar no coração o sumo que nos reconcilie com a bondade. Obtermos outras balizas civilizatórias que anunciem outro universo.

Embora siga lendo, nenhum livro deu-me a chave com que postular a felicidade, a paz de que careço.

14. Os murmúrios da língua

A língua é o lar. Também a pátria, pensam alguns. Eu digo ser ela fogo, água e poesia. Igualmente a panela no fogão a cozinhar o feijão-preto previsto para durar anos. Ainda o pão fatiado que posto à mesa abastecerá os descendentes. A língua é pois o que expresse a carência dos humanos no curso de sua truculenta volúpia de amar e odiar.

Uma língua que, embora prágueje contra Deus e o Diabo no mercado onde se vendem hortaliças e alma, armazena mistérios em seus recôncavos. Desponta voraz e enérgica nas primeiras horas do amanhecer, confiante de seguir dando nome ao que é novo.

Com a língua no coração, certifico-me da existência alheia. Ao distinguir entre o concreto e o abstrato, sei se uso um caco ou peço uma sentença emprestada a um autor morto para dirigir-me ao mundo. Julgo natural que as hordas do passado nos sirvam, sejam um elo civilizatório. Há que manter intactas as línguas que deram fundamentos à fala dos nossos dias.

Louvo quando o verbo circula entre os mortais. Grosseiro, cruel, refinado. As línguas arcaicas sob o jugo da língua portuguesa. Elas soltas, esgarçadas pelos séculos, à deriva, mas traços seus em nós. Daí eu reverenciar a simbologia que emana delas. No fim não as forçamos a fenecer, a submeter-se às mudanças impostas pelos anos. Quem a falou, fatalmente a transformou. É a lei da linguística. Meu Deus, e o que passará com o português que ora falo? Quem matará em breve minha fala, envelhecendo-a de modo que não a entendam? Como eu deteria o impulso demolidor contido em todos nós? Acaso é a carência que força a criação de outra língua?

15. Homero

Há anos simulo intimidade com Homero. Com direito de lhe propor vir à minha casa, na Lagoa, em um país distante da Acrópole, aquele conjunto perfeito onde transitava enquanto aguardava a vinda dos seus aedos.

Ao ser recebido em meu lar, após as boas-vindas, eu lhe ofereceria aguardente brasileira com limão e pitada rala de açúcar. E, como neta do avô Daniel, que prezava a hospitalidade, introduziria o maior narrador que a humanidade produziu ao que o meu país oferecia com garbo por tê-lo entre os bens de minha estima: a feijoada, o prato nacional. Tentaria esclarecer ao bardo os primórdios da gastronomia brasileira, que dera origem pecaminosa a um prato nascido do ignóbil. Uma composição das sobras provenientes da casa-grande e que, na senzala, alimentava os escravos famintos. Deste entulho dramático de carne de porco e feijão, este povo cruelmente desterrado fez uma delícia paradisíaca.

Discreta, chamei a atenção de Homero para o que lhe narrava sobre o meu país. Via-o distraído, indiferente a um mundo que há séculos ele traduzira. Nada era novo para ele. Colhera os destroços da Guerra de Troia e dera-lhes uma dimensão tão heroica que até hoje nos exaltava. Entendia que a vida no Brasil pouco lhe significasse, ainda assim insisti. Talvez porque eu também me abstraía com uma realidade que se repetia sem inovação. Aliás, desligava-me do entorno para resgatar-me. A distração é um estímulo intelectual. Acumula-se melhor a produção humana quando se imerge na alma silente.

A obra de Homero não se furta do desejo. Para agradá-lo, enfatizei que a sexualidade brasileira perpassava por sua cultura. Em todos os recantos havia atração pela sofrida genitália dos seres. Uma atração sublime e perniciosa, coisa de vísceras, prementes em especial na feijoada. Um prato sobrecarregado de vitualhas procedentes de algum suntuoso porco, um bicho que a despeito da aparência e dos maus-tratos antecipa devaneios. Imbatível na generosidade, tudo dele salva os homens. Falo-lhe também que perpassa o prato uma sensualidade que mobiliza o sexo e os intestinos. Uma fusão de paladares e pobreza. Sincrética, conta a história do Brasil, a que enaltecemos e a que nos envergonha.

Confessei a Homero que amei estas criaturas desde a infância vivida em Cotobade, Galícia, e verti todas as lágrimas ao ver o animal manietado no aras do sacrifício quando o apunhalaram. O sangue jorrava na bacia, sem qualquer desperdício. Eu nada fiz para salvá-lo. Indefesa, enfeitiçava-me o ritual da morte cruel. O requinte que se aperfeiçoava na sequência dos mortos. Mas que se justificava por conta da voracidade da fome dos aldeões, da minha gente. E abençoavam o sangue que gotejava e com o qual fariam bens preciosos e até mesmo panquecas. Enquanto eu aprendia as leis da sobrevivência e da economia.

Homero acariciou minha mão e eu a sua em troca. Já não recordo se comemos a feijoada afinal. Ou se foi uma mera ilusão desta escriba.

16. Medo

Tenho medos como qualquer mortal. Um sentimento devido a não estar suficientemente preparada para sofrer, morrer com dignidade e segundo as mesmas regras com que vivi.

Igualmente lamento que não me avisem com antecipação da hora da minha partida, sem tempo para arrumar o meu entorno e despedir-me dos que deram sentido à minha existência. E não derramar entre eles minhas últimas benesses.

Contudo, em meio às lamúrias, penso nos momentos que me arrebataram, que traduzo com palavras vagas, ineficientes. Como devesse evocar as delícias vividas, os sobressaltos que fervilhavam o sangue nas veias, como se me roubassem a vida que ainda tinha. Era eu objeto da cobiça alheia que mal sabia como retribuir. Abrir-me para a carne do outro. Ao feroz desejo de quem me queria sem sequer me consultar. Mas que se aceita forçada por uma natureza selvagem, que se revigora quando testada. Amores, enfim, que me acometeram de repente para fazer jus à minha humanidade.

Talvez se descubra parte do próprio ser quando trava batalha com o outro. Um antagonismo que alarga o campo da percepção a fim de entender a razão de estarmos na terra.

17. O Brasil à vista

Retorno ao Brasil sob as bênçãos do sol. A realidade nossa, todavia excessiva, reverbera em cada detalhe. Indago, então, se devo aplaudir sua teatralidade, o corte de sua faca na minha alma.

Abrando seus efeitos expandindo-me pela casa, pelos meandros da língua, esta esponja de fel, mel e prata. E porque tudo me parece íntimo, desguarneço-me diante do acúmulo dos afetos, formulo frases banais. Sinto até o gosto das palavras rolando pela boca, entre os dentes, triturando impiedosas os meus sentimentos.

Sorrio diante dos gestos típicos da minha tribo. Eles me são familiares. Arrasto-os pela casa, acomodo-os em meio aos bibelôs, durmo com eles. Cada movimento nasce de um repertório ao meu alcance.

Já instalada no lar, credencio-me à vida brasileira. Sem cautelas, inocente, aos que me recebem no aeroporto, pergunto pelos amigos. Acato as notícias com ar crédulo. Quero tanto acreditar que são todos imortais. Jamais lhes direi adeus diante de uma campa.

18. Tia Celina e Cleópatra

Do promontório do Brasil, que era o bairro de Vila Isabel, onde nasci, assistia ao desenrolar da história contada em capítulos pelos livros e pelas tias. Cada uma delas apurando o sentido da narrativa que emergia do texto. Eu agradecia emocionada, mas pedindo sempre mais.

Os enredos se sucediam, expunham heróis e vilões. Todos revestidos de palavras, muitas desconhecidas para mim. Na infância a reserva verbal é mínima, repete-se o que se sabe com a impressão de com elas sondar o mundo. Tudo parecia suficiente, menos as adversidades dos personagens.

Eu como que suplicava sucessivas leituras. Não saber ler é um inferno. Depende-se do outro e da própria imaginação obrigada a inventar sem trégua. Que as tias me regalassem o que estava nos livros.

Ouvia então pela primeira vez nomes de figuras da mitologia estrangeira. Também estranhava certas palavras que me pareciam sem sentido, só dificultavam meu entendimento. Mas como emocionava-me participar das aventuras, mesmo alheias. A tia da vez apreciava ter uma sobrinha amante dos livros. Certamente eu as animava, talvez se sentissem lendo no púlpito uma peça oratória.

— Está entendendo, Nélida?

Eu de nada reclamava. Devia-lhes tanto. Culpado era o herói sem brio, que não cumpria seu dever de arriscar a vida por mim. Ah, as tias amadas. A bela Amada, que a chamavam de Maíta, uma mulher indômita, que enfrentou o avô Daniel em defesa de meu nome Nélida. Dindinha, tia Avelina, delicada, parecia porcelana, mas era obstinada, defendia as irmãs como se fora um cavaleiro andante. Tia Celina, a mais jovem, bonita, formou-se na Escola Nacional de Música, razão da casa do avô dispor de dois pianos. Ela às vezes, tomada de estranha emoção, lançava-se ao teclado e tocava, arrebatada, o "Hino nacional" na famosa versão do compositor Gottschalk, uma execução que consagrou Guiomar Novaes.

Acatava os desafios provindos dos atos humanos, e sentia-me protegida por seus espíritos combativos. Elas e minha mãe Carmen, além de tio Antônio, o único varão.

Assim ocorria a cada visita à casa dos avós em Vila Isabel. Submetia-me aos rituais galegos e brasileiros que se alternavam. Conservava nos cofres da memória vocábulos e histórias, sobretudo as de teor intenso. Eu era dócil, mas, segundo soube, propícia de repente a frases com laivos poéticos, desconcertando as tias.

Certas histórias afetavam-me. Não tinha escudo no coração, nenhum gesto me protegia. Em compensação ia acumulando um capital de palavras para o futuro. Jamais esqueci que, certa feita, pedi à tia Celina que me sabatinasse sobre Cleópatra, impressionada que estava sobre o banquete oferecido ao general romano Marco Antônio, em seu barco pousado sobre as águas do Nilo. Atraída pela suntuosidade aplicada nos detalhes com que a imperatriz, no auge então de seu poder, pretendia impressionar o poderoso romano. Eu então já lia, mas nada me saciava. Amava as repetições com suas variantes.

— Tia, conta uma história. Pergunte-me outra vez sobre a rainha Cleópatra.

Talvez já intuísse que ambos estavam, a imperatriz e o romano, prestes a viver o esplendor de um amor de perdição, em seguida ao banquete regado a vinhos e iguarias afrodisíacas. Mas de fato ainda não suspeitava do ímpeto da carne quando posta em marcha.

Até agora familiarizo-me com Cleópatra, sua coragem em tirar a própria vida. E prezo as tias com fervoroso amor.

19. Carmen

A mãe, sobre quem ora lhes falo, era de aguda inteligência. Manteve sua perspicácia intacta até a morte aos 85 anos. Nunca deixei de admirar sua conduta conjugada com um aprimoramento diário. O gosto com que desenvolvia suas noções estéticas aplicadas em embelezar a casa, o que havia nela. Era tal o seu culto à filha, que se tornou seu maior objetivo beneficiá-la, fazer dela tudo que lhe fora negado. Confiava no seu futuro literário, para tanto empenhada em sacrificar-se por ela.

No afã de prosperar, sua sensibilidade apreendia os matizes do cotidiano, assim como dos seres da casa. Ao que fizesse, por mais simples que fosse, uma tortilha de batata por exemplo, ela adicionava encanto, paladar.

Eu indagava-me às vezes, ciente da sua história, como ultrapassara os limites do seu cotidiano, alcançando um grau superior de sensibilidade. Olhava a mãe e punha-me de pé quando ela ingressava na sala. A todo momento, sem exceção, dava prova constante de extremado respeito por ela, a quem, além de amar, via como responsável por tudo que eu fizesse comigo mesma.

Ela se empenhava para a filha dispor de um escritório onde se encerrasse e tecesse todas as fantasias do mundo, dando-lhes a forma da escrita. Íamos mudando de casa, até instalarmo-nos no Leblon. E assim foi. O que mais faltaria para eu crescer como escritora? Não me queria aprendiz, ou negligente com o texto, cujas regras convinha dominar. Cedo aprendera que era crucial grande dose de sacrifício para avançar pela escritura. Narrar não se tratava de extrair o nada do nada. Sem se descuidar de me impor uma postura ética. Havia que pleitear um código condizente com as orientações que eu vinha recebendo. Só faltava propor o desafio de escalar o Annapurna.

Os atributos da mãe instalaram-se no lar. Sem rispidez, ela realçava a delicadeza, ampliava seus haveres culturais. Talvez, por conta da filha que amava a língua, ela se sentisse atraída pelo fulgor verbal. Ouvia, atenta, os debates, lia os seus livros, os jornais diariamente. Cerimoniosas ambas, não teatralizávamos o convívio. Seguíamos igualmente as tradições brasileiras. Nos amávamos.

Morreu em seu quarto, nos meus braços.

20. A mãe e o bem falar

A mãe afirmava que eu tropeçava nas palavras, não as dominava. Elas vinham-me, mas contrariavam o que eu pensava. Ao menos assim era sua crença. Convicta de que apesar da filha ter uns 7 a 8 anos não serviria de escusa para seus erros. Era imperativo que os recursos da herdeira, ora escondidos, viessem à tona. Uma vez que me dizia dona de uma inteligência carente de um súbito despertar. Havia que fazer desabrochar meus guardados.

A mãe nunca admitiu sua fé no poder restaurador da língua, mas certamente pressentia os efeitos desta na vida da filha. Suscetível ela de despontar na menina uma atração pelo mundo.

Sem dúvida eu ignorava que a fala vinda da pátria, embora tisnada de palavras galegas e espanholas, era patrimônio dos nativos, como eu. Convinha, pois, explorar seus atalhos verbais, seus murmúrios secretos. Caso contrário eu estaria cometendo um crime de lesa-majestade. Como, então, iria ela privar a filha do sortilégio da fala?

A família materna, imigrante, lidava com duas línguas e suas culturas. A mãe Carmen, contudo, de natureza exigente, devia imaginar que o bom uso da palavra era um escudo a proteger os sentimentos oriundos do amor e da ira. Devia assim ir ao coração do idioma que a tudo esclareceria.

Uma vez, sem qualquer arroubo, ela admitiu a grandeza do Brasil, onde nascera. Expressou um sentir compatível com sua conduta moral. Aquela mãe que foi o ser mais elegante que conheci. Portanto, ao consagrar o país em que a filha nascera, padecia da ânsia de aplicar a sua descendente os valores inerentes àquela terra. Entre eles o bom falar, o discurso escorreito. Tanto insistiu nesta fala, que a partir daquele dia não fui mais a mesma. Arranquei de dentro a seiva que a mãe garantia eu ter. Passei a exercitar em voz alta frases, sentenças, arregimentando palavras inéditas, mas que o dicionário confirmava existirem. Enquanto falava para fora o que eu tinha dentro.

Ela registrou meu esforço, mas nada disse. Parecia feliz com a filha que se dava conta da língua assegurar-lhe plena cidadania. E que jamais seria a escritora que almejava ser desde a infância sem a maestria do idioma.

A mãe Carmen acertou. E eu também, por acatar os emblemas da língua lusa. Nesta minha idade, sigo errando, acertando sem esquecer que me encontro sob a mira de Camões e de Machado de Assis.

21. Carta à Clarice

Amiga, em dezembro de 2020 o Brasil e o mundo celebrarão o centenário de seu nascimento. Não exagero ao afirmar que outras terras pagam-lhe tributo. Isto porque sua obra fez de você uma mulher universal. Sua efígie, ora estampada nos jornais e revistas, mostra uma Clarice enigmática, bela, com olhos oblíquos, de traços ligeiramente orientais.

Sei que devo saciar sua curiosidade. E contar-lhe que seus admiradores, querendo dar-nos a ilusão de ainda se encontrar entre nós, inauguraram uma estátua sua, de corpo inteiro, na calçada da avenida Atlântica, perto de sua casa. Dizem que alguns a visitam na expectativa de ouvi-la.

Mas não posso poupá-la das desditas nossas. A mais recente refere-se a uma epidemia que se alastra pelo planeta a ameaçar a sobrevivência da espécie. É tal seu efeito letal que nem a ciência, os poderes públicos nos socorrem. E menos ainda a tecnologia que vinha pregando sermos imortais. Ah, que ledo engano.

Por comando generalizado, há meses estamos encerrados em nossos tugúrios. Forçados à solidão absoluta, ao convívio familiar nem sempre amistoso, privados da liberdade, do pão que escasseia. Sobretudo aguentando o fardo de nossas almas que nem sabíamos ter. É uma clausura equivalente à dos mosteiros medievais, mas talvez sem o consolo de Deus.

Estou ao abrigo do lar. Daqui faço considerações que alarguem seus horizontes, simples porções da realidade atual, da civilização brasileira. Confesso-lhe que o Brasil mudou muito desde que nos deixou em 1977, e tanto que mal vislumbro seus escaninhos, a matéria que nos constitui. Pois como entender as transformações sofridas se os rastros deixados foram sendo apagados, em consonância com nossa volúpia de desrespeitar a identidade nacional. Sob o risco portanto de se forjar uma sociedade à mercê do caos.

Talvez me exceda, perco a dimensão do que é cívico, moral, institucional. Mas vítima que sou do curso da história, sucumbo ante a crescente intolerância, a radicalidade ideológica, a corrupção desenfreada, a escassa civilidade. O que dizer da violência urbana e doméstica, da crença de ser mais fácil odiar que amar.

Como filhas de imigrantes defendemos a justiça social em vários momentos públicos. Acreditávamos que a educação e a cultura podiam arrancar os brasileiros do degredo da ignorância ao lhes facultar o conhecimento libertário. Pois urge preencher as lacunas oriundas das desigualdades sociais e restaurar a dignidade humana. Neste capítulo, aliás, os escritores seguem resistindo, como você o fez. Fiéis à arte, à linguagem que arrola os sentimentos segundo a carga poética da sensibilidade pátria. Com intérpretes do Brasil, junto com as demais consciências vivas, damos combate à barbárie em curso no mundo.

O que nos mantém alerta, querida Clarice, é a atração pela luxúria do corpo e do espírito, é o repertório dos prazeres regidos pelo dom da vida. Aqueles favores que nos abençoam a despeito até da pobreza.

Eu a evoco com frequência. Há pouco mais de um ano arrematei em um leilão um quadro seu, dos poucos que pintou. Não poderia permitir que você fosse habitar uma casa estranha. Ele está ao lado daquele que fez em homenagem ao meu livro *Madeira feita cruz*, e agora ambos expressam nossa aliança, nossa irmandade.

Quantas aventuras vivemos ao sabor dos dezoito anos de amizade. Entre risos e lágrimas, íamos às cartomantes, na ânsia de perscrutar o futuro. Mesmo no hospital da Lagoa, dias antes da sua despedida, recriminou Nadir, sua cartomante favorita, por não ter previsto a doença que a conduziu ao leito hospitalar, onde, lembra-se, me mantive ao seu lado até o suspiro final. Olhando-a, então, imaginava sua família chegando ao Nordeste, fugida dos *pogroms*, padecendo tantas dificuldades. Sem adivinharem que a criança levada ao colo, minha amiga, aportaria no futuro fulgor à língua portuguesa, de que se tornaria mestra.

Aqui fico, querida Clarice, no seu Rio que segue lindo, mas sofrendo os efeitos da peste que até parece com a de Florença, do século XIV. Mas cuide-se, onde esteja. O Brasil e eu agradecemos que seja brasileira. Até nosso próximo encontro.

Da sua

Nélida.

22. O espanhol de minha casa

O espanhol incorpora-se ao Brasil desde tempos longínquos. Enquanto se discutia o Tratado de Tordesilhas, entre os bandeirantes, que buscavam esmeraldas, a pedra de cor cintilante, verde como a mata, com trajes em frangalhos, consta, mas sem provas, que um deles levava entre seus pertences um alfarrábio envelhecido pelo manuseio, de autoria do poeta, e ninguém menos, Quevedo, com quem este bandeirante repartia o clamor de sua alma poética, o deleite de tê-lo como parceiro de sua jornada.

Intuiria com regozijo que aquele poeta Quevedo, enquanto construía o universo com o verbo em espanhol, quem sabe adivinhando que o Brasil alheio a ele existiria em algum canto do mundo. E ao involuntariamente pretender reverenciar a pátria que hoje é minha, seu talento lírico ao pensar no hipotético Brasil acentuou a eternidade de sua criação.

Quanto mais terá ocorrido ao longo da história, só Deus sabe. Indubitavelmente, a cada dia um ser nasce narrador para responder pela história das criaturas. Aliás, foi assim que, ao desembarcar no Brasil, após passagem por Coimbra, o canário José de Anchieta deu início ao seu relato e de imediato refutou algumas regras impostas pelo Concílio de Trento. Como aprender uma língua autóctone, em vez de impor a sua original. Dominou o tupi-guarani e exerceu o sacerdócio da poesia. Uma função à qual consagrou a vida, o que fez dele o primeiro escritor brasileiro. Alguém que, enquanto albergava o espanhol no coração, ajustava a palavra que lhe vinha em tupi-guarani como a que devia brotar legitimamente do solo brasileiro. Mesmo porque, como sua língua de origem seria compatível com a vontade de Deus ao catequizar os índios brasileiros com os quais repartia vida e fé?

Mas pergunto-me como combinar este Anchieta, agora tido como santo, com o Daniel, meu avô, que pecou na ânsia de exercer sua humanidade. Tento conciliar Nóbrega, fundador de São Paulo, com a modéstia de uma família galega que, ao se instalar em Vila Isabel, jurou nunca mais abandonar o Brasil. Dar um único passo que os levasse de volta a Espanha, impedindo, portanto, que eu nascesse nessa pátria.

Como escritora, cabe-me especular sobre o caos histórico, os conflitos enfim que assolam nossa humanidade. O que me levou a guardar desde cedo os suspiros espanhóis da avó Amada, os lapsos linguísticos do avô Daniel, os tropeços de todos que se sentaram à mesa do patriarca e desfrutaram da abundância da América, esquecidos da miséria europeia que os expulsou no início do século XX. Acaso o que estou a dizer agora tem nexo, é insensato? Quem quer saber de lógica quando se trata da vida? Ou tal presunção está ao encargo de teólogos e sociólogos que se habilitam a fazer a exegese da vida a fim de aprisioná-la?

Como tal, sou filha destas línguas que pousaram heroicas no meu lar galego e nunca mais me deixaram. Deram-me o direito de exercer meu arbítrio. Amém.

23. Língua do coração

Quem de fato inventou a língua secreta que impulsionou meu coração a criar? Quem a arrancou da terra com a ajuda de Deméter e me permitiu distinguir o joio do trigo? Para assim eu entender o que se resguardava no mistério de um vulcão cuja lava era o fogo do verbo.

24. Fardo

Carrego o fardo da humanidade. São suas histórias que me pesam. Não me desvencilho das levas dos visigodos, dos celtas, de tantos povos encarregados pelos romanos de propagar as línguas prestes a emergirem do latim.

Imagino caravanas que como gafanhotos do deserto dizimavam o que iam encontrando, até um dia pousarem seus restos e suas conquistas no solo que seria pátria deles. Uma grei inóspita, mas criativa, da qual derivamos. Mas terá sido esta a rota dos escravos que sob as vestes de bárbaros expandiram seu poder e hoje capitaneiam o destino do mundo? Parece que foi sempre assim que os povos, ao empilharem destroços, cadáveres, ruínas, restos de alimento, do que havia, enfim, ergueram deuses, religiões, naus e fortificações, e montaram os pilares da civilização?

Percebi desde a infância que tinha estas etnias formadoras de outros grupos atreladas à minha imaginação. Dispondo deles de escassas evidências, teci artimanhas e enredos, cruzando os absurdos que resistiam ao meu engenho. Não perdia de vista que todos nós, de que época fôramos, saíramos da caverna, parte nossa trucidava os inimigos com a força da mandíbula, semelhantes aos primatas.

Agora muitos de nós inventamos um deus. Somos monoteístas, mas nem por isso seguimos seus postulados, acatamos o conceito da salvação.

Há pouco li que Margaret Atwood pregava a necessidade de voltarmos às utopias para salvar a civilização; utópicas, sim, são suas palavras.

Mas desde quando o mundo esteve a salvo, foi pacífico, cordato, poupou inimigos e amou o próximo? No entanto, ao se estudar a trajetória das culturas, defrontamo-nos com a mais cruel das realidades, refletida em um passado que não redime a espécie humana, mas constitui um fardo implacável.

25. A beleza

Ao aplicarem sentido político à beleza, cercearam seus efeitos, muitos originados da modéstia do coração popular. Assim aprisionaram o belo ao julgamento unicamente estético, como se apenas o que jaz nesta esfera merecesse o crivo da emoção. Quando, ao sugerir que a beleza me emociona, referia-me aos sentimentos meus que julgo privados, e não públicos. Submissos eles, portanto, às regras do meu ser profundo, ao meu ideário moral. Ao clamar pela liberdade de pensar, acato o feio, o sombrio, o grotesco, toda a matéria que me inspira piedade e compreensão. Cabe, pois, a cada qual, entre paredes, reformar o conceito canônico do que é belo. Opor-se à institucionalização da beleza. Este apanhado de conceitos estéticos que colonizou o humanismo.

26. Fabulação

A fábula é fruto da invenção. Traz para fora o que leva no interior. Talvez seja o símbolo da existência, o legado que faltava para redimensionar o que pensávamos. Este ideário inventivo de que ora lhes falo, evoca, escuta, guarda os vestígios das civilizações, muitas soterradas, que as escavações arqueológicas põem a descoberto. De minha parte, ao colher seus ecos, dou-me conta de que ela me narra o que seja pela metade. Não reproduz à perfeição quem somos, toca-me completar o que falta.

A fábula está nos versículos bíblicos, nos versos dos trovadores que tentaram resumir o pensamento humano encerrado no desejo que as castelãs inspiravam. Ainda nas epígrafes dos perversos que propagavam a desonra alheia.

Em páginas minhas, entre assomos de prazer estético e certa tristeza que me solapou em momentos de treva, transcrevi pedaços íntimos. Mas terá sido uma fabulação indevida que sob a forma de mosaico realça memórias assimétricas, cromáticas? Meu árduo empenho em lavrar o texto dos rastros deixados pelas migalhas do pão que eu ia comendo. Sinais depositados no chão que confirmam ser eu feita de aventuras, do desassombro de haver vivido.

Essa espécie de concepção também contém pinceladas dramáticas, pode ser teatral. Constato que não obstante seja cênico, singular, alojam-se em mim traços coletivos que reproduzem os pormenores da existência alheia. Ajo, então, como quem ao escavar a terra encontrou Troia, que povoa minha imaginação. A cidade de Príamo iludiu-me sempre com a crença de haver desenterrado a mim mesma.

Em alguma página insinuei que no passado terei sido um aedo, um poeta a serviço da memória homérica. Como eles, nada quero esquecer, convém entender as circunstâncias. Daí testar quem leio, a febre com que fabulam, põem à prova a nossa humanidade. Dizem-me o quanto dependo deles para renovar meus votos de vida. Minha biografia é insuficiente, sinto-me inteira quando vizinha do mundo, quando fabulo à exaustão. Só assim sou o outro.

27. Palavras ao vento

Dói-me levar a cultura a tiracolo e não ser parte intrínseca dela. De que pouco me vale ser filha de Homero, Shakespeare, Cervantes, Camões, Machado, e ainda assim padecer de toda sorte de agruras, humilhações, só por ser parte desta espécie.

Compensa-me saber no entanto que tenho a cultura próxima, como vizinha, junto à pátria do coração, e sei o quanto magoa ser mortal e mulher. Enveredar pelas trilhas traiçoeiras do pensamento e criar meus livros. Fazer valer a primeira ou terceira pessoa de qualquer narrativa.

A mulher decerto dispõe em seu interior de um repertório resguardado desafiante que requer tradução. Tanto para ela quanto para o mundo. Uma vez que o seu ato de pensar, dada sua recôndita originalidade, perambula por uma zona de sombras onde seu enigma refugia-se, enquanto a adorna e perturba.

Como escritora, revido a cada palavra ganha desde ter aprendido o seu conceito. Assim sou eu quem aprisiona o verbo de todos e o torno de minha lavra.

Faz-me bem responder pela minha imperícia e imprudência. Cabe-me o destemor de retificar a escritura em que estágio esteja, desbaratar a palavra.

E quem mais senão eu responde pelo fardo verbal? Mesmo que me amordacem, queiram expurgar o texto saído da boca de um ser da minha espécie. Posso bem aceitar uma derrota que não foi consignada por mim. Mas venço quando não desisto.

A arte equivale ao tronco humano. Aos membros que compõem o mosaico da nossa carne. É da sua essência acrescentar ao poliedro narrativo o que antes não existia. Acatar as versões que se seguem sob o domínio da escrita. A criação em si não é pedagógica, seu ímpeto não educa. Eu mesma vivo na expectativa de uma estética que, em prol da beleza textual, acata acertos radicais. Sob os efeitos do assombro das fímbrias advindas da árdua colheita verbal.

Em meio ao turbilhão, busco a raiz poética do texto. A carne verbal que descreve o vizinho, minha réplica. Com o intento de me familiarizar com as fundações do mundo.

Emocionam-me a aventura humana e os seus argumentos secretos. Afronto a realidade, assumindo a tarefa de inventar. De forjar a vida mesmo descascando as batatas.

A propósito do que é banal, tenho pena de deixar um dia os objetos da casa. Serem órfãos de mim. Quando cada um deles encarna quem amei. Fazem-me crer que nos domínios do lar esses bibelôs e eu simulamos ser felizes. Uma Nélida que guarda os utensílios da casa na algibeira enquanto salga a massa do pão como se inaugurasse nova modalidade de matar a fome.

Quando anoitece, faço a lista dos bens da vida. Reclamo quando necessito, argumento, que não brinquem com minha cabeça adestrada para pensar e antecipar o futuro. Hei de designar quem me suceda.

28. Aventuras

Delirava com as aventuras que me caberiam um dia viver. E como seria eu nos anos seguintes? Acaso o destino me reservava sentar-me ao lado de uma tia, ou quem mais fosse, ouvindo o que eu não fora capaz de viver? Um mero instrumento da vontade de Deus, destituída de uma humanidade rebelde?

Naquela jurisdição dos Cuiñas, eu me sabia brasileira, sob a guarda de uma nacionalidade. Quando indagava onde nascera, todos asseguravam minha gênese. Eu me tranquilizava. Mas não devia esquecer que me originara de uma aldeia galega que no meu imaginário confundia-se com as Argólidas gregas, que eu julgava uma terra propícia para mitos e para deuses que martirizavam os humanos. Aceitei então que minha fabulação se vinculasse com o passado da família. Herdara pegadas arcaicas que me fizeram parte de tantos povos. Eu os busco até hoje, invento-os, faço com eles a argamassa eterna. Explico para mim mesma a essência destas almas tão doloridas. Mas sigo com a escrita, as linhas que esbocei na infância. Recordo o hábito mantido com as tias que não interrompi no coração, de lhes pedir encarecidamente que me dessem atenção.

29. Ser brasileira

Bem cedo descobri que ser brasileira ia além da minha pessoa. Obrigava-me a conviver sem distinção com vivos e mortos, mesmo não sendo muitos do meu sangue. Afinal leva-se nas costas a história do país, suas tragédias e fracassos, para onde se siga. A qualquer pretexto um deles há de impor-me sua fonética, seu sotaque, sua comida, o que levou consigo, dentro do caixão, o que foi sua existência. E fazendo-me responsável por suas memórias, o que deixaram para trás, pedaços de seus mitos, de suas sagas. Sem falar que por sangue e por lendas repartidas, como uma ramagem de uma árvore pré-histórica, enlaçaram-se com os vizinhos, com o bairro, com o Brasil, formando uma indestrutível genealogia.

Mas o que significa ser parte dessa legião? Acaso devo indagar aos desconhecidos que passam pela frente da nossa rua, onde morei até os 5 anos, talvez, ou antes mesmo, quando me mudei para Copacabana, perto da praça Cardeal Arcoverde? E levando comigo as miúdas memórias que a vida depositara em algum rincão para eu relatar, para eu ter o que contar nos dias seguintes? Ah, a memória se fortalecia a cada dia, eu mal sabia o que fazer com seus resíduos senão arrastá-los para o coração.

Eu crescia e regressava sempre ao rincão familiar, em Vila Isabel, que agora incluía Copacabana, a praia onde ia com o pai para buscar na areia molhada os tatuís que vinham à profusão. Ao longo deste percurso ia falando, e que estranho parecia-me. E para onde ia o coração? E quem era, oriunda de todas as tribos da terra? Mas qual seria a verdadeira pátria, a única que levarei comigo ao despedir-me para sempre? Não há outra, senão o Brasil. Só nele meu silêncio uiva, fala, é poético, diz da minha carência. Apaga o fogo com o ardor do meu próprio fogo. Meus grunhidos anunciam sentimentos ainda em formação, mas já compatíveis com as carências humanas.

Longe, no horizonte atlântico, que me fascinava, eu divisava outras terras que um dia visitaria. Mas sem amesquinhar o pão e o carinho que os pais me davam. E tudo era mistério.

30. Mera quimera

Sonhar é possível. Confunde-se com a realidade. O mesmo ocorre com a quimera, uma das faces da irrepreensível verdade. Assim, se me fosse dado viver com uma voz emprestada ao menos por algumas horas, eu pediria a de Maria Callas, e não a de Renata Tebaldi, que eu adorava quando jovem. Custei a amar Maria Callas, não tinha como entender os 2 mil anos de tragédia grega que se situavam em seu timbre de deusa.

Sem deixar contudo de ser escritora, fiel ao meu ofício. Mas o canto lírico me atraía, também a exuberância do palco onde se desenrolava qualquer drama, que traguei sempre como parte do espetáculo humano. Enfim não fui Callas nem Tebaldi, e foi melhor assim. As palavras que escolhi viver dentro da moldura do texto salvaram-me, são pilares do meu ser.

Forçada pelo poder irradiador das línguas, preservo em mim a sensação de que a linguagem, além de humanizar-nos, ecoa seu timbre pelos palcos da existência. Cada palavra tendo ritmo e agudos, pianíssimos, opera com seu diafragma secreto. O repertório delas integra um coro universal, mesmo celestial. Corifeus também. O que digam, mesmo ao tropeçar, alvoroçadas, titubeantes, a sua sonoridade é celestial. É o próprio Deus que empresta sua voz aos humanos para que cumpram os ditames do coração.

Somos rítmicos no pranto, nos estertores da morte, na exuberância dos sentimentos. A alma é canora, tem partitura que abriga notas sonoras a serviço das lágrimas e da memória.

Choro quando ouço um mendigo, um poeta, um desgraçado qualquer, pronunciarem a frase que engendra a matéria que algema meu ser. Aquela profética, vinda dos padres do deserto, ou do púlpito de Antônio Vieira com seus alardes sacros. Desde que as cordas vocais do povo aprovem.

Que esforço magnífico encerra a reverberação da fala. Aquela língua que se situa entre paredes do lar, junto aos incunábulos, que deixaram rastros poéticos dos bichos e dos seres de outrora. Foram e são línguas e dialetos que, onde estejam na linha do horizonte, prestam serviço à alma, e não se perdem.

31. A arte da invenção

Diante do que ela me assevera, indago por que me é tão essencial esta arte sua que atua em mim de forma crucial? E que me leva a renunciar às pompas de uma felicidade que apazigua os inocentes. Quando escolhi o uso do cilício que me mortifica, mas incendeia minha imaginação?

Não saberia responder por ela. Aguardo, portanto, sua resposta, que me oriente. Ela nada diz. Acato seu silêncio. Eu que abra os poros do corpo para a imaginação ingressar e ditar o que me falta. Ela é a pira da humanidade em fúria. E nada sei responder.

32. Sou da América

Não foi um acaso nascer no Brasil. Os deuses decidiram que eu deveria ganhar a vida na pequena casa da rua Dona Maria, graças à insistência da mãe Carmen de fugir do hospital quando do parto.

Sou do litoral atlântico e desta margem olho a terra que me regala uma visão prodigiosa. Como se o que estivesse fora de nós também nos pertencia. Integrava a índole de quem habita um continente.

Nascer em determinado rincão não é nascer no mundo, eu sei. É ser escravo da noção de que uma pátria nos domina, mantém-nos na servidão. Mas, não sendo assim, o que eu queria ser além de brasileira? Ter outro passaporte e livrar-me dos grilhões pátrios? Nunca, amo quem somos. Nada há nesta minha terra que eu queira apagar da memória. Exceto quando o poder inflige maus-tratos ao povo, humilha nossa cidadania. Sobretudo ao acompanhar os delírios do país oficial. Nessas circunstâncias, abarco o possível e é muito. O que motiva em mim a plenitude da existência.

Contudo, por contingência familiar, o sentimento ibérico é pungente na minha composição cultural. Sem perder de vista a matéria mestiça que me compõe. Não sou índia, não sou branca, não sou negra, mas sou a beleza herdada de cada um deles. Um traço ou outro vindo dos povos longínquos. Sabe-se lá quais bandos peregrinaram pelo mundo em busca da caça. Simulo então originar-me de todos e agir segundo seus atos e gestos. Bárbara como eles, civilizada como eles foram.

De onde fale é sempre do Brasil, mesmo de visita ao Extremo Oriente. Nesta nação escolheram que eu nascesse em Vila Isabel. Um bairro maior que o país, ao menos esta dimensão assola minha alma e nela plantou raízes densas e inexpugnáveis. E notas musicais ditadas pelos sambistas, aqueles boêmios que eternizavam a noite até o amanhecer, mediante a crença de que a vida era fugaz e passageira.

Como os demais vizinhos de vida, os ancestrais e os recém-nascidos, viemos de longe. Quem não naufragou no Atlântico chegou intacto a esta costa e logo, para sobreviver, plantou mandioca, milho e filhos. Havia que semear sonhos também. Mas não largamos atrás as terras que abandonáramos. Estranhas latitudes além do equador. Não sei se como eu estão sempre em busca da última gota do sangue derramado em suas aldeias e que me explique. O que sei de mim é quase nada. Menos ainda de quem é comparsa e com quem muitas vezes reparti um prato de comida e a cama.

Maldito o sangue meu que tomou o barco e dirigiu-se a todos os cantos como se fora possível, ou aconselhável, semear devaneios nos territórios alheios? Acaso devo a estes trânsfugas, bucaneiros, poetas, assassinos, o pendor à desordem, do caos que assalta a mim e quem esteja perto? Tudo que o diacho do humano não conseguiu expurgar, embora central, o que faz da vida carga de ouro e excremento. Ao mesmo tempo substância inconsútil.

Insisto com o meu veio galego, minha taba indígena, minha tenda africana. Já que louvo ser universal, e devermos os fundamentos humanitários a nossa promiscuidade.

Esta massa carnívora que se incorporou ao meu ser está prenhe de enigmas. Faz-me crer na perturbadora argamassa que me constitui. Contudo, sendo eu integrada a todos os povos, driblo a iniquidade e cultivo os bens da arte forjados ao longo dos milênios. Assim, ao ser Santo Antão no deserto, agachado no tronco de uma árvore, luto por roubar a efígie de todos os mistérios.

Mas o que nos falta para celebrar a vida, esquecer os males que nos abatem, ajuntar à bagagem e ganhar asas? Sem renunciar ao pão ganho na labuta, sem devolver o que fortaleceu o espírito depauperado da comunidade, o que reduziu o temor aos amanheceres trágicos, algo que espelha o mundo.

33. Ainda a língua

A língua lusa infiltra-me corpo adentro. Com ela sou nômade, senhora de casulos e páginas por preencher. Como dona das palavras, brado frases sublimes e impropérios. Em meu nome, ela acolhe o arrebato amoroso. Também pertence aos que a maltratam, mas sabem poetizar o cotidiano. Fazê-la desabrochar a cada hora do dia.

Sucumbo à irradiação do verbo e da carne que me dispersam estando em mim. É o que sempre quis, uma língua que imigra a fim de criar. Sorte minha.

34. Paisagens

A ficção é a cartografia da minha alma. O que seu espaço acata e o tempo absorve, eu avanço, por meio de suas prerrogativas. Introduzo então paisagens, viagens, mapas, cenários arbitrários, crimes, duelos, o que ganhe validade segundo o meu verbo.

A arte que advém da escrita inventiva é de domínio público. Compreende um repertório vasto, concreto e abstrato. Inclusive a consciência do bem e do mal, a memória pejada de equívoco e de versões contraditórias. Uma matéria que se cristaliza em uma coluna de estalactite que goteja registrando dias e anos.

A linguagem de que disponho descreve o mundo e os sentires. Tem índole poética, transita pelo imaginário da carne, pelo realismo do prazer e da bestialidade. Conto com a trama subjetiva, que subjaz nos recôncavos secretos.

Como romancista, meu timbre narrativo é coral. Quer na primeira como na terceira pessoa, avizinha-se das zonas profanas e sagradas com a ilusão de apaziguar o rebanho humano.

35. Filiada à arte

Nem sei como filiei-me cedo à arte. A arte que encontro onde menos esperava. Nos currais, grata ao ubre das vacas, no trabalho da lavoura, no canto dos humilhados, na pincelada do pintor de parede, no amor com que se vai polindo a pedra que um dia destinou-se às catedrais. A tudo que se desvaloriza e que a elite acadêmica rechaça. De uma matéria inóspita, mas que amo e acato. Sei que uma sonata emerge de um grito de socorro, da panela com feijão advém as refinarias de Luís XIV, e pouco me importa o que possam pensar de mim. Com a idade humilho-me e ceifo a arrogância, minha e dos companheiros empinados que se julgam senhores da inspiração de Cervantes e de Shakespeare. E de onde estes autores recolheram seus troços verbais senão da miséria humana? Chega de vaidade, convém ler o Eclesiastes e aceitar a degradação que se esconde no corpo de cada qual.

Há pouco pensei que me apresento intacta, correta, bem-vestida, com o que me distingue, mas dentro das vísceras há o esconderijo da minha morte. E não é assim com todos? Ou acaso é legítimo supor estar a salvo das adversidades, do santo sepulcro?

Desde menina seduziam-me os segredos que brotavam de onde menos eu esperava. Tinham a ver com a simplicidade da minha casa e do meu bairro. Não eram enigmas que vinham dos gregos e ali queriam residir para sempre. Eram brasileiros, diziam respeito à minha origem, ao que me era próximo, portanto passível de tradução. Ainda não os relacionara com os personagens que estavam na iminência de surgir na minha imaginação. Eu estava a ponto de parir algum forasteiro, que batizaria inspirada na genealogia do Antigo Testamento. Mas o mundo já me encandecia, eu sentia um ardor provindo da emoção de viver.

Estas criaturas com as quais eu me debatia eram genuinamente brasileiras, mas com porções de imigrante, por serem da minha casa. Seres com os quais partilhava a mesa farta dos avós.

Talvez essas figuras proviessem dos palcos da Cinelândia para perto da minha imaginação. Àquela altura, levada pela minha mãe, eu já conhecia os teatros. Convivera com essa gente que ocupava os cenários da minha vida, atrizes e atores da minha terra, expostos no tablado, diante dos quais, forçada por tanto talento, cedia a sensibilidade ao cutelo. Essa grei de jograis vindos do medievo até hoje força-me a crer na ilusão da arte.

36. Susan Sontag

Certa feita, reunidas na Universidade de Duke na condição de juradas do Prêmio Neustadt, nas horas livres, Susan Sontag e eu nos entretínhamos em longas conversas. Em uma tarde, em seu bangalô, no campus universitário, ao lhe mostrar minha estranheza por ela ignorar qualquer escritor brasileiro, ela questionou-me com sorriso irônico. Como se me desafiasse a apresentar-lhe um único nome capaz de despertar-lhe incondicional admiração. Também sorri à guisa de estocada, que se preparasse para a derrota.

De início apresentei-lhe um rápido preambulo da identidade brasileira. O poder da língua portuguesa a partir de Camões, episódios que ela ignorava. Mas, contando com sua atenção, desfilei alguns nomes até deter-me em Machado de Assis. Se minha voz antes era meramente persuasiva, logo ganhou um timbre relativamente feroz. Não tinha como perder a pugna amistosa havida entre nós. A cada palavra sobre o autor carioca eu expressava meu amor por ele. Durante a longa conversa ia convencendo Susan Sontag da existência de um fenômeno estético surgido da pobreza brasileira, no século XIX, em plena vigência do Segundo Reinado, sob a coroa de Pedro II. Para dar realce a Machado, sem dúvida o primeiro gênio urbano das nossas Américas, exaltei José de Alencar, cuja audácia incluíra nas narrativas personagens indígenas de índole lendária. Ainda outros criadores que sob a lupa de uma nacionalidade incipiente engendraram relatos ocupados com etnias e classes sociais diversas, com escravos, alforriados e senhores. Não sendo obras literárias que meramente replicavam modelos colonizadores.

Ela se suavizava quando eu lhe ofertava o Brasil na bandeja. O país que eu amava, pouco propicio às questões culturais. Quando, anos mais tarde, sugeriu-me tentar a sorte literária no exterior, uma vez que aquela nação, a que se referia, tardaria em me acolher em seus braços, não aceitei. Jamais renunciaria ao Brasil. Em compensação, Susan Sontag publicou, um ou dois anos depois, com seu imenso talento, na revista *New Yorker*, um esplêndido artigo sobre Machado de Assis. Outorgou-lhe o cetro da grandeza.

37. Camões

Com Sagres na cabeça, hei de chegar a Lisboa em busca das trilhas dos miseráveis. Os meus personagens, filhos meus e precursores da minha gênese. Sei que me seguirá por onde for o Poeta em frangalhos por força dos impulsos desesperados da sua criação. Ninguém cria sem padecer de chibatas. Camões sabia que cada verso cobrava um pedaço do seu corpo, pouco lhe importando o restante dos seus membros.

Camões morrera muito antes de eu chegar a Lisboa, quando, do aeroporto, segui diretamente para o piso alugado por um ano, no bairro de Benfica, na rua Alçada Baptista, que leva o nome do amigo de tantos anos, vizinha do estádio do Benfica, paixão nacional.

Mas a despeito de enterrado nos Jerônimos, uma tumba onde deixamos, Osvaldo França Junior e eu, em nome do Brasil, uma coroa de flores, para mim o bardo vivia e só morreria após o último que fizesse uso da língua sua. Enquanto algum apontasse as idiossincrasias humanas em português e cantasse loas à vida, Camões teimaria em não morrer. A cada dia este Poeta imortal deixa pistas para eu não me perder. E eu sei quais são. De tanto que amo este homem que ao ter perdido um olho enxergou o mundo pela metade, escrevi um conto baseado em um dos cantos dos *Lusíadas*. Com que ardor e espírito misericordioso avancei pelas páginas, sem temer castigo, por parte de quem fosse.

Lutei então por preservar os feitios secretos que supus existirem nos *Lusíadas*. Pretendi, por respeito ao Poeta, desconsiderar a tradição camoniana conferida pelos Mestres. Restava-me dar-lhe feição moderna, transgredir versos e episódios já consagrados, fazer com que o épico se ajustasse com a história que cada qual escolhera contar. Só era proibido coibir. Mas ainda que alguém desfigurasse aspectos do poema, ou agisse como iconoclasta, cada palavra em curso constituiu ardente homenagem dos escritores a quem devemos a transcendência e a soberba língua lusa.

Li Camões de forma desumana. Sua epopeia servira para infernizar minha vida no Colégio Santo Amaro, e quando me trancava em casa. Com ele fazíamos análise sintática, a pretexto de nos adentrarmos pelas entrelinhas do idioma. Como se houvesse da parte dos professores o deliberado desejo de odiarmos os versos que surgiam inexpugnáveis. Só salvei-me do sacrilégio de odiar Camões por haver decidido que se impunha a sua leitura, se queria de fato ser uma escritora. Em uma escala progressiva, alcancei o âmago do poema e deslumbrei-me. Pensei, então, que nenhuma outra língua servia à minha imaginação e às minhas quimeras criativas como aquela que Camões me ofertava.

38. A voltagem da criação

As histórias que elegi contar são tensas, de teor pungente. Tiveram como pano de fundo a voragem da palavra e a imaginação enlaçadas. Suas entrelinhas detalharam as fronteiras do real e do invisível, coletaram as pistas da realidade.

Nenhum livro meu, contudo, assemelhou-se a um tratado ou a uma tese acadêmica. Suas bases davam predomínio ao quimérico, realçavam a soberania do imaginário capaz de conferir credibilidade ao solo ficcional. Em detrimento dos subterfúgios sociológicos, valorizava o alvoroço humanitário das substâncias que facilitam o acesso à verdade narrativa.

A verossimilhança do texto assegura aos atores romanescos uma vida civil. Uma língua, uma nação, e ainda um inferno povoado de bichos e seres. Paredes de um lar onde vicejem enredo e protagonistas sobrecarregados de culpa, de utopias.

A indagação põe em pauta o romance histórico. Quando, de minha parte, nenhuma publicação de minha lavra é histórica. E nem sempre considero históricos livros como o de Dumas, publicados no século XIX. Um autor de aventuras que contesta sua adesão ao gênero ao exaurir seus recursos do imprevisto tendo como heróis os três mosqueteiros que eram quatro. Ele tampouco dispensou os conhecimentos que melhor situavam os personagens em Paris, na França cortesã. Primava em aliar a deliciosa frivolidade de D'Artagnan com as malhas malignas do cardeal Richelieu.

Mal conheço as diretrizes da novela histórica moderna, o que norteia seu prumo. Minha formação literária é tutelada às vezes por um realismo provido de referências temporais e espaciais que me suprem com nomes, datas, localidades, marcos iconográficos. Uma identificação, enfim, com o entorno, sem acorrentar os personagens a uma linhagem ou a uma coroa de louros. A pretexto simples de que eles entendam os riscos da existência em meio ao esplendor e à miséria.

Meus signos e minhas estratégias seguem os meus desígnios. Homens e mulheres não têm formato prévio. Não são simulacros. Por nada abdicaria do reino literário com suas mil portas de entrada, dando-me ingresso à memória universal, ao fabulário desbordante, sem travas. O advento da imaginação, em cujo epicentro, à sua sombra, banha-me em um átimo a luz redentora.

Sigo devota dos estudos históricos. O conhecimento do passado ainda hoje aprimora meu humanismo. Mas não endosso a opção histórica. Elegi as turbulências solitárias dos meus seres, alguns atrelados às gestas, às sagas, aos nibelungos milenares. Sujeitos às urgentes guinadas das agruras, das armadilhas da realidade.

39. As vozes que ecoam

Vozes ecoam em mim. Enredam-me com certo grau de sedução. Nem sempre entendo o que transmitem. Se vêm dos mortos que teimam em estar presentes, ou de timbres contemporâneos que vociferam, incrédulos quanto ao valor das palavras.

Acredito, porém, que a vida não se esgota com a despedida final. Quem quer que parta deixa atrás seu diapasão raivoso capaz de perturbar a paz universal. Não sei o que eleger em face da eternidade. Alterno as convicções atuais com as que hão de aflorar amanhã. Assim não padeço com qualquer ideário religioso, ou do Estado, que me querem rendida.

Tenho a graça de ouvir e de esquecer. Não abuso das reservas da memória. Cada vez aceito menos a turbulência alheia. Por favor deixem-me quieta no meu canto, entregue ao destino incerto, que aceito. Mas por que certas vozes clamam por minha atenção como se valesse o que me dizem? Acaso as frases a esmo, sonolentas, de procedência duvidosa, não deveriam se silenciar para sempre? Afinal sons que me fizeram falta, que me assegurassem o fervor dos prodígios.

Estas vozes, porém, nunca me assustaram, sou incrédula quanto a seus efeitos. Posso, no entanto, introduzi-las em alguma história, dar-lhes valor narrativo. Apresentá-las às tias de outrora, que comigo teciam enredos. Sob o amparo delas, agarrava-me aos vestígios da imaginação que nunca me abandonaram. Tenho as peripécias alheias a meu serviço.

40. Porta-voz

Há muito me assumi como porta-voz das ocorrências coletivas. Aos poucos fui esboçando o retrato do vizinho cuja fisionomia fosse compatível com minha história. Enquanto investigava suas feições, olhava-me ao espelho como tendo meu rosto como referência. Obedecia assim à função estética de fundir-me com a humanidade.

Lutava, sim, por dar vida ao que ainda era amorfo, desprovido de veias, mas na iminência de se converter em pensamento, portanto personagem. A quem adicionaria traços identificáveis, idiossincrasias, falta de decoro. Um personagem enfim concebido sob os efeitos da invenção.

Aos poucos, minha tarefa impunha desafios. Como atribuir a esta criatura um par de pernas, de braços, com proporções desiguais. Até para se harmonizar com sua alma. Mas o cérebro dele deveria afinar-se com minha criação. Seria a zona mais ambígua, indomável, talvez sem meu discernimento.

Aprendi que, enquanto criava, perdia e ganhava miúdos avanços. Ajustava meu esqueleto ao texto que nascia com malícia e subterfúgios, mas de forma apaixonada. Eu perdera a inocência, só eu podia perdoar-me. Sempre sozinha, aconchegada no escritório, dispondo da escrivaninha, do quadro-negro na parede, de inúmeros apetrechos. Neste recanto escoam a imaginação, o verbo, a audácia. Toco as teclas com certo ímpeto, desperto as letras, argumento com a vida e o lendário. Com o que roçou o mistério, o sublime. Ansiosa por acompanhar o que há de advir de mim, dos meus impulsos carnívoros.

Importa é que sigo sendo escritora. Ninguém me rouba o rótulo.

41. De que me orgulhar

Ansiava por conceber personagens nascidos do nada. Incorporar-me neles mediante escassos traços, pálidos ingredientes. Para ter de repente à minha frente um Pedro composto, uma Maria oposta a ele. E eu já não poder eliminá-los da cena a que dera início.

Ao fim e ao cabo eu cometera o destino de dar vida a quem eu perdera o poder de alijar da história. Inventar, pois, é criar uma arma que se volta contra si próprio. Emprestava-lhe um timbre de cantor de ópera, ou de uma soprano revestida do drama que fizesse jus à trama. Modulava o que diziam, afinava seus excessos, ou realçava seus suspiros, os murmúrios, a sagrada emoção que distingue os humanos. Eu e eles sujeitos ao protagonismo proveniente da narrativa.

Creio que a atração inicial pela literatura se deveu à crença dos livros haverem sido escritos por pessoas que viveram as peripécias impressas no papel. Portanto a função do escritor restringia-se a uma experiência pessoal que não passava pelo crivo da invenção. Como se fora uma quase vivência mimética a induzir-me a crer que o livro copiava a vida, valia fugir de casa para ser compensada com as intensas emoções que cada página registrava.

42. Sessenta anos atrás

A vida é fragmentária. Não obedece a uma sequência prévia disposta sobre a mesa, à guisa de um mapa. O drama e a comédia se sucedem sob o aplauso de Deus. E de bruxas invisíveis que se excedem nos seus propósitos de instalar o mal na terra.

As sequências posteriores iam aflorando de forma sutil, persuasivas, quase insidiosas. A me aportarem a noção de ser impossível expulsar a literatura da vida de quem bebeu do seu mistério. Já que ela, em que grau seja, ingressa em seu coração, o faz pela porta da frente, e não há como expulsá-la.

43. Primeiro livro

Os originais do meu primeiro romance, *Guia-mapa de Gabriel Arcanjo*, foram escritos quando eu tinha 17 anos. Aos poucos, em meio a múltiplas descobertas e devaneios, fui aprendendo a fazer alterações sem, contudo, dilapidar a sua essencialidade poética. Ao longo desse processo assumi enormes riscos até a publicação do mesmo em outubro de 1961. Paguei alto preço por minha originalidade, sujeita a um conservadorismo estético quando se tratava de uma jovem atrevida, independente, que surgia na cena sem proteção oficial ou de grupo. Em compensação, esse livro, que me estigmatizou, ensinou-me a enfrentar o mundo literário com espírito indomável, sem medir as consequências práticas. Preparou-me para acatar o meu pendor, o que se originasse do meu epicentro criador. A essa primeira obra devo insubmissão, soberania, audácia criativa.

44. A árvore da vida

Na infância, bastava galgar os galhos de uma árvore e instalar-me no seu topo, fazer daquele lar o cume perfeito para leitura. Ali ficava horas. Nenhum outro paradeiro garantia a legitimidade do livro. O que eu lia traduzia uma verdade ao alcance do humano, convivia com heróis e vilões. Sentia-me às vezes uma criatura alada, não duvidando do peso libertário da narrativa. Acatando excessos, incongruências, o que se apresentasse no palco das palavras. A cada minuto tropeçando nos ingredientes produzidos pelo imaginário em chamas.

Mas era como a vida me socorria.

45. Meu mandato

Examino as circunstâncias de ter sido a primeira presidente mulher da ABL, justo no ano do I Centenário, um cargo então muito desejado naquele momento histórico. Convém dizer que não me habilitei à posição, fui alentada por muitos acadêmicos a comandar a ABL justo no ano áureo. Em especial porque, ao ter exercido a presidência interinamente ao longo de seis meses, antes das eleições, dera provas inequívocas de estar apta a responder àquele desafio. Assim fui eleita por unanimidade.

Ao longo do meu mandato, recebi provas contínuas de confiança da parte dos acadêmicos. Agiram de modo que eu exercesse a presidência com plenitude. Jamais questionaram decisões administrativas, ou referentes aos festejos do I Centenário. Deram-me seguidas provas de estar eu no rumo correto.

Foi um período de grande atividade cultural e intelectual, no qual imprimi inovações, enquanto abria a Academia Brasileira de Letras ao público. E sob um regime pacífico, sem turbulências políticas ou acadêmicas. Ao final do meu exercício, sem embargo desejassem todos que eu pleiteasse outro período, recusei esta possibilidade e me retirei para casa a pretexto de "limar minha alma".

46. Os rostos que tenho

Estou a caminho da rua. Antes, por medida profilática e para mitigar as emoções acumuladas, escolho no armário que máscara usar. Tenho muitas, todas cópias do meu rosto, réplicas perfeitas, cujos detalhes só se distinguem entre si mediante uma lupa.

Às vezes indago para que serve esta coleção. Talvez ajude a me evadir do desatino humano, de um universo a que não sinto pertencer. Sei, sim, que graças a uma máscara colada ao rosto aventuro-me a enfrentar o dia, a cruzar o rio a nado, a alcançar a outra margem dos seres.

Há máscaras, contudo, que cancelam minha identidade. Outras têm o dom de destacar a tal ponto a minha feminilidade que em minutos atraio o sedento macho para o meu alçapão secreto onde viverá encarcerado para sempre.

Reconheço que fantasio a vida. O conjunto humano me atrai, mas também inspira fraude. Assim asseguro ao vizinho que sua vida é um livro aberto que eu leio, e faço profecias, distintas todas das pregações de Jeremias, que odiava o pecado. Os meus prognósticos eram tão favoráveis que ele, além de me elogiar, pagou meus serviços com um dinar, moeda da Jordânia. Disfarcei, então, a emoção com sorriso irônico, que se deve ao fato de ser eu um caramujo que arrasta nas costas mil culturas pelas quais não respondo, mas desfruto. Cada pedaço meu é arcaico e estrangeiro.

Contudo reajo às manhas do destino que ambiciona programar meus dias como se fossem seus. Ora, como pode quem seja aspirar ser mestre de um futuro que é incerto perante os extremos da vida e da morte? Como ser capaz de validar as respostas se a existência não admite lances antecipados, previsões, fórmulas salvadoras, teorias protelatórias, retificações conciliadoras, ou mesmo linhas retas a caminho do céu?

As máscaras cumprem o papel de esconder o semblante cru dos meus sentimentos. Com a força que emana delas, defendo-me dos corações alheios encharcados de egoísmo e vinagre. Elas, no entanto, se excedem às vezes. Agem como se fizessem parte de um sistema autônomo que desconsidera a enfermidade das minhas emoções. Ao se rebelarem, acentuam os sulcos próximos à comissura dos lábios a fim de semear, por iniciativa própria, crenças e versões contraditórias tidas como de minha autoria. Essas condutas ocorrem, por coincidência, quando exibo ternura. Em represália, faço gesto de devolvê-las ao armário, mas elas reagem, insinuam que vivo à sombra delas, sob sua jurisdição, portanto não estou a salvo.

Minha cólera não prospera. As máscaras me ajudam a viver, agasalham-me nos momentos em que sangro. São elas que em um assomo de bondade indicam-me qual delas, entre todas, devo escolher para melhor enfrentar as vicissitudes de certo dia. Como, por exemplo, a "maschera nobile" veneziana que me tornava timorata, como capaz de sobrepor-me à tirania das convenções, de rasgar o véu da hipocrisia, de experimentar uma tênue liberdade.

Em certos domingos, olho-me no cristal da sala e faço o balanço dos anos, e duvido de quem sou. Em especial quando sozinha na casa recorro à máscara, já incapaz de respirar sem o socorro de tal artifício. Lá estou eu, desconsolada, sob ameaça de uma delas, quem sabe decidida a permanecer no meu rosto até derreter, como se fora feita de cera.

47. Meus trajes

Outra vez destacavam-se, nos trajes que a mãe e eu amávamos, as joaninhas de sempre. Trazia também os sapatos brancos que luziam impecáveis, limpos por ela com o giz inglês que fazia vir da Mappin, de São Paulo. Estava certa de que, com tais complementos, as fotografias, além de eternizarem a infância da filha em sua memória, expressariam a vida familiar.

Confessou-me, anos mais tarde, sua alegria em ter na parede do quarto um dos retratos tirados em Niterói. Tinha a filha a seu dispor, mesmo quando ela se distanciava por força das viagens, das batalhas literárias. Agradava-lhe ver-me, na visão do fotógrafo, circunspecta, a testa ampla, o cabelo preso em duas tranças laterais, os olhos abertos. Cada detalhe, no entanto, previsto por ela.

A foto, ora em meu poder, mereceu de Rubem Fonseca, ao vê-la ampliada na então agência de Carmen Balcells, no Rio de Janeiro, o comentário carinhoso:

— Se tivéssemos conhecido esta foto antes, nos teríamos precavido contra Nélida.

Ele querendo dizer que a imagem, em si explanatória, trazia-nos a menina que tinha no rosto a marca da obstinação, que antevia a gravidade de um ideário estético.

48. Os dias de Clarice

Anos antes de conhecer Clarice Lispector, enviei-lhe na Páscoa uma cesta de ovinhos de chocolate comprada na Kopenhagen. Um gesto amistoso que não requeria sua atenção. Julgava cedo para nos conhecermos. Embora jovem, não postulava ser sua discípula, antes pleiteava uma relação duradoura, sem ruptura. E tanto era assim que não assinei o cartão que acompanhava o presente. Deixei a cesta no Leme, na portaria do edifício onde então morava. Mas na mensagem anônima escrevi frase de sua autoria: "Foi então que aconteceu, por pura afobação, a galinha pôs um ovo."

Os anos teriam se escoado se Nélida Helena, amiga do colégio Santo Amaro, não detivesse o carro diante de um prédio, alegando ter encomenda que deixar, antes de irmos jantar. Acompanhei-a, como pediu. E tão logo tocou a campainha, surgiu a mulher com jeito de tigre, a cabeleira tão vasta que parecia agitar-se sob os efeitos de uma brisa. Era Clarice Lispector, que, ao convidar-nos a entrar, decidira participar do jogo que a amiga lhe propusera, como modo de me propiciar porções de felicidade.

Ao longo daquela noite não derramei encômios literários que não cabiam diante da dimensão do gesto da autora. Surgia ao longo do convívio uma aliança inusitada para a Clarice que fui conhecendo ao longo dos anos. Contudo, graças a sua intuição, que agia como se a mão de Deus lhe ditasse o verbo, confiou naquele momento que a jovem sorridente haveria de acompanhá-la até o seu fim. Desde então ambas vivemos uma amizade sem fissuras e defeitos.

Clarice apreciava repartir comigo certas banalidades que testavam o nosso apreço pela vida. Não éramos exatamente duas escritoras que desafiavam a escrita ou se curvavam diante da seriedade do ofício. Escolhemos o afeto como modo de desenvolver a crença no porvir. Leais, acreditávamos que valia a pena estarmos juntas, rirmos juntas, chorarmos juntas. Para quem o cotidiano era fonte de atração, reduzindo certamente a gravidade dos temas estéticos, transcendentes, que não passavam de uma armadilha.

Ela e eu sabíamos do perigo que corríamos. Sobretudo Clarice temia que a nossa amizade pudesse cessar pelas pressões que eu sofria na condição de irmã menor de uma ordem religiosa que a tinha como abadessa. Temia, sim, que eu praticasse o "matricídio" como forma de obter a independência literária. Mas eu lhe dizia:

— Como se atreve a pensar que me deixaria enfeitiçar pela intriga, pela maledicência, ou pela glória literária, cujo objetivo é romper os nossos laços?

Supersticiosa como era, ainda assim Clarice me fazia jurar que em caso de algum intento de lançar-me contra ela, eu lhe falasse para se defender da falsa acusação. Algumas vezes na praia do Leme, descalças, com os pés na água, asseveramos proteger o afeto. Em especial em dezembro, época propícia aos compromissos, quando o novo ano se descortinava.

Seu rosto, embora atento, revestia-se às vezes de uma neblina que a arrastava para longe. Por tal razão, em sua casa, cedíamos ao peso da vida enquanto tomávamos café e ela fumava, com Ulisses, o amado cachorro, à espreita da guimba que depositaria no cinzeiro.

Ao longo dos dezoito anos de amizade, falando-nos diariamente, Clarice aportava-me benesses, júbilo, belos presságios. Eu pensava que estaria por muito tempo atada à eternidade terrena. No entanto, partiu cedo e não me conformei. Nossa amizade deveria ter durado mais que nós.

Mesmo no leito do hospital, onde a acompanhei ao longo de quarenta dias aproximadamente, guardou intacta a sua alma, ninguém ousando, mesmo ali, enveredar pelas suas sendas discretas. Cuidei de sua intimidade ao contratar vigilância em tempo integral para a porta da sua suíte, que barrasse que a fotografassem, filmassem ou a visitassem sem sua autorização. O que nunca ocorreu.

O desenlace de Clarice Lispector foi após imergir em profundo sono, alheia ao mundo. No quarto, éramos poucos presentes: Paulinho, o filho; a nora; as duas irmãs, Tania e Elisa; Olga Borelli, que retinha sua mão direita, e eu a esquerda.

Até hoje custa-me falar da amiga Clarice. Mas nossa comunhão não feneceu, Clarice está nas paredes de minha casa com suas pinturas, na mesa em que trabalho, e a evoco sem desalento.

49. O dever de criar

Como imaginar a existência sem o registro ostensivo e sistemático dos sentimentos humanos, da trajetória das civilizações, dos mistérios que a criação poética enseja? Uma vida a seco, desértica, sem o desvario do verbo, sem a transcendência do que está além do nosso alcance? Como despertar e cair no mutismo que avilta a inteligência, e leva-nos a temer que um filho será privado da pena fulgurante de algum futuro Cervantes ou de Camões, justo estas criaturas que hão de nos aliviar do peso da existência?

50. As festas de outrora

Ainda hoje, mesmo com tantos mortos no coração, preparo-me para o Natal. Mesmo sem "pompas e circunstâncias", ou com a expectativa de ser feliz, penso no presépio onde o Cristo nasceu em meio ao feno, cercado de animais dotados de mansuetude, que repartem leite e calor, como o local propício para danças profanas.

Bem sei que a noite do dia 24 de dezembro, para crentes ou ateus, faz parte do calendário do mundo. Não se apaga esta data como se faz com outras, sobretudo quando se começa a envelhecer e nos apegamos à tradição. Penso até que esta noite cobra hábitos há muito encrustados no coração geral. Quanto ao meu, ele é vigilante, guardo irrestrita fidelidade a uma herança familiar que não me deixa esquecer o peso do Natal na minha formação. E isto porque, para melhor honrar os que me precederam na peregrinação pela terra, não ouso ser iconoclasta em matéria tão preciosa. Acato a herança galega, misturada com a brasileira, e incendeio minha memória com gratas evocações.

Agora, já tão distante da matriz desfeita com a paulatina morte da minha gente, apraz-me defender a hierarquia dos sentimentos entre os homens. Lutar, mesmo em meio às crises, pela manutenção dos rituais que encerram em si comovida mensagem cristã.

Contudo, com os anos, aprimoro a minha crença nos valores hoje tidos como obsoletos. Trato de incorporar-me aos gestos nascidos das criaturas de boa vontade e que, há milênios, igualmente sancionamos, ainda que não cumpramos à risca os seus princípios civilizatórios. Mesmo estando longe da santidade, e os santos me fascinem, restrinjo-me a modestas práticas religiosas. A maturidade não aperfeiçoou o suficiente meus impulsos caritativos, minha admiração pela bondade. Sigo sendo vítima dos meus defeitos. Padeço ainda dos efeitos de um coração que luta por ser mais terno.

Neste período natalino passo a vida em revista para constatar o que me sobra dos meus gastos, o que fiz de magnânimo em relação ao outro. É tempo de ser responsável por mim mesma, pelos amigos que fiz, e pelos que partiram para sempre, deixando-me o legado de suas memórias. Gosto de ser arquivista da existência dos que já não estão entre nós para defender suas histórias. Entristece-me, sobremaneira, constatar que, ao meu redor, em torno da mesa posta e decorada com iguarias e guirlandas, a cada dia somos menos.

51. Theatro Municipal

O lar pode ser benfazejo ou uma maldição. O Theatro Municipal foi para mim um presépio onde voltei a nascer. O cenário de uma iniciação que desabrochou emoções e o espírito da crença. Até mesmo o advento do instinto carnal, as paixões involuntárias. Uma casa que frequentava com assiduidade, atraída pelos espetáculos de balé, ópera, recitais de música. O universo coral ou solitário dos intérpretes cuja magia descortinava os segredos da arte.

Naquele palco o horizonte alargava-se para me envolver. Eu cabia nele por inteiro. Ali batia à porta do céu a fim de dialogar com um Deus singelo que vinha frequentemente à terra para se entreter com os homens. Como que esquecido serem eles criação sua, salvo os seus defeitos. Agia como os deuses do Olimpo que se aglomeravam nas ágoras e desfrutavam da intimidade da carne humana. Ele, porém, recatado, pregava virtudes que eu devia seguir, a despeito do meu alvoroço. Mas parecia aprovar meus excessos e sentava-se no teatro ao meu lado, às vezes na plateia ou mesmo na galeria.

Eu, porém, entregue aos ardores da arte que me carbonizava, aprendia a lidar com o benigno e o licencioso. O palco ditava diretrizes, ensinava-me a entender o que eu não vira até então. Ia desvelando o mistério que revestia os olhos humanos. Eu enxergava, ouvia, tudo inaudito, entendido pela primeira vez. Não era só a literatura que ditava as regras de realidade. O palco induzia-me a desconsiderar o lar como única fonte de conhecimento. Havia pois que ler e fixar-me no cenário que eu tinha à frente. Conjugar o que emergia da criação humana. Sob o jugo pois da exaltação artística atrevia-me a pronunciar as palavras que me poriam a par dos sentimentos que armazenava sem saber.

Neste teatro eu contava com interlocutores. No palco e na plateia. Convivia com eles e absorvia o milagre da vida. Eu conferia forma e sentido a quem se apresentava. Ouvia os sussurros e os brados dos artistas. Nenhum rugia como exprimindo desgosto pelo curso de sua arte. Pareciam-me abençoados pelo deus que os inventava quando prestes a naufragar.

No palco travavam-se batalhas. Cedo percebi a cobiça pela glória que se dispunha a envenenar o parceiro de arte. Tremi de medo, mas levei este saber mundo afora. Optei pela generosidade do aplauso ao talento invulgar. Acompanhei de perto a rivalidade entre Tebaldi e Callas no próprio Theatro Municipal. Eu, porém, que ainda não dominava as artimanhas do mundo helênico, não entendia que Callas tinha mais de 2 mil anos de tragédia grega nas cordas vocais. Optei então pelos pianíssimos de Renata Tebaldi, que cenicamente se comportava como um anjo. Isto porque quis que minha alma fosse angelical quando, no entanto, há muito lera os demônios existentes na criação de Dostoiévski, e submetera-me à plenitude trágica de Sófocles.

Emocionava-me com todos e os buscava no camarim. Estabeleci mesmo amizade com alguns deles. Como Tamara Toumanova. Até hoje guardo o anel que me ofertou como preito de amizade, havendo vaticinado que eu teria um destino amigo das artes. Tive ainda o prêmio de ter desfrutado dos melhores artistas vivos que o mundo concebera, como o tenor Gigli e o pianista Rubinstein, com quem aliás tomei um chá na Pérgula, do hotel Copacabana Palace. Mestres que me ensinaram o caminho das lágrimas como expressão da alegria da arte. Intérpretes que junto com os escritores esculpiram em mim uma alma renovada.

Assim, ao livrar-me aos poucos da incômoda inocência, antecipava o advento do amor, dava meu corpo a quem eu queria para receber o outro em troca, sem permitir que me dominassem. O fenômeno do corpo e da arte ocorrendo em conjunto e maravilhando-me. Ambos antecipando, já na adolescência, padrões estéticos e morais. Era tudo enigma, como segue sendo hoje.

Quantas vezes ainda agora lido com os assombros humanos evocando este magnífico teatro do Rio de Janeiro como cenário do meu advento.

52. O olhar simbólico

O olhar não merece a prisão da pedagogia que controla o presente e o porvir. Minha mirada carece de liberdade, da habilidade do camaleão que enxerga atrás, luto para apreender o miúdo e o magnífico, que resultam da obra de Deus e dos humanos. E para afugentar o precipício inerente às palavras, aos gestos, ao que se pensa, ao que se amaldiçoa sob o jugo do pecado. Enfim, o que ronda o perverso e abole o sublime. Tudo porque sou náufraga, vejo-me às vezes à deriva, agarrada à boia que uma mão amiga me lança sem cobrar nada em troca. Mas, como seja, sujeito-me aos tentáculos do polvo da minha infância. Da casa galega, em Vila Isabel, terra do cancioneiro popular, onde nasci no berço herdado por Noel Rosa e outras vozes anônimas. A fusão resultante da imigração e do samba ainda hoje aflora em meu espírito. A ela devo o amor à arte popular, um mundanismo que teima em não me deixar envelhecer.

Assim, ao alargar minha zona de conhecimento, sorvi desmedidas doses também de perigo. Ganhei noção de que as vias "sem saída" são insidiosas. Apontam o risco de vir a ser vítima de um universo que me excede. E convoca-me a desenvolver o dom de farejar como o perdigueiro que somos todos.

Pouco sei, no entanto, das regras que antagonizam a imaginação. São de serventia duvidosa. Pouco dizem dos ensinamentos da mãe a alertar-me das tentações maléficas que rondam o gozo da carne.

Nada sou, porém, sem pisar os caminhos do pecado que ensejam seguidas revelações. Furtivas promessas que se originam dos símbolos que operam na minha fantasia mesmo quando esmorecidos. São símbolos, talvez signos que, vindos da gênese familiar, ainda perduram. São rastros de memória, que me marcam, ditam o que me eterniza.

Muitos dos emblemas que roçam o corpo provêm dos universos pagão e cristão, do albor da arte. Portanto, como herdeira dos excessos humanos, adiciono alguns dos modestos símbolos à cozinha, à cama, à mesa onde impera o pão. Dizem-me todos quem sou, quais são os pilares da minha crença civilizatória que pautam a escrita que me faz a escriba em permanente estado de amor pela criação literária.

São tantas as afirmativas que defendem a comida, o desejo, a morte digna, as necessidades imprescindíveis. Ainda as certezas intrínsecas à vida cívica e teológica. Outras que rejeitam os estertores da guerra, defendem a liberdade, o repúdio urgente das ditaduras, dos movimentos que aspiram sacrificar a humanidade em nome de implacáveis princípios.

53. Pátio dos encontros

Enquanto sorvo o café da manhã, proclamo em silêncio que a arte não peca. Desde sempre, a moral que advém dos seus postulados bordejou o abismo humano. É matéria que sob o impulso do mistério nasceu da voragem da consciência e da linguagem. Regida decerto por um instinto libertário, a arte desgovernou o mundo assentado sobre pirâmides, catedrais, um amontoado de pedras erguidas pela genitália escrava e sonhadora.

Para mim um presente dado por Carmen e Lino, meus pais, no dia em que nasci, em um maio brasileiro. Graças a genes dos dois que, de comum acordo, marcaram meu destino. E assim foi e tem sido. Tudo ocorrendo por conta dos livros que contavam histórias, da mesa farta da família que impugnou a miséria. Junto a eles, mais tarde fiz a travessia atlântica em um barco espanhol da companhia Ybarra. No cume da infância celebramos a bordo a passagem do equador com espuma de sabão no rosto para eu nunca mais esquecer, e jamais deixar de respeitar Poseidon, dono das águas, que revidava qualquer afronta, como agiu com Ulisses na desesperada tentativa de regressar a Ítaca.

Esta arte que menciono canta, pinta, narra e constrói o impensável, entroniza essencialmente a palavra da meretriz e do rei. Por ser fecunda confunde-se com as sequências ditadas pelo pensamento que é sutil e brutal. Também pastoral e sinfônica, e ainda coral quando agrupa os desconsolados da sorte. Uma circunstância que me induz a indagar em qual categoria situo-me. Acaso aparto-me de qualquer função só por inventar o que não é mentira?

Por algum tempo, aluna do Colégio Santo Amaro, de madres beneditinas, eu afirmava às colegas, miúdas como eu, que havia outras maneiras de nascer além de surgir do ventre da mãe. Como estourar o bulbo da planta aquática que boiava na fonte próxima à capela, e aguardar que surgisse por milagre um ser vivo parecido a uma de nós. Ao defender minha tese eu esperava que aderissem às minhas convicções vindas deus sabe de onde.

Olhavam-me estupefatas sem entenderem o que lhes dizia. Mas eu insistia na esperança de impor o fruto da minha invenção. Por algum tempo convencia-me dos meus acertos. Em troca de absurdos que porventura fossem tropeços, ampliava a arte de fabular.

Nunca soube a razão desta conduta infantil logo superada e que ora revivo como parte do meu lendário pessoal. Suponho que esta vocação precoce para as artimanhas narrativas deva-se a crer ser possível inventar sem ser punida. De poder quem sabe reverter a meu favor a índole cruel da realidade.

Cedo, então, considerei a arte minha filha, minha irmã, amante eterna. De natureza altaneira, concreta, abstrata, impetuosa, nunca servil, aceitou sempre a forma que lhe dei, meu ímpeto criativo. Talvez por ela reconhecer ser eu fruto da sua pujança. Capaz de imolar-me por ela, por sua soberania. A fim de que a arte jamais se eclipse no horizonte da humanidade.

54. Minha catedral

Há anos escrevi no livro *O pão de cada dia* que, à época dos prodígios, justo quando teria começado a Idade Média, a mãe levantou-se para esquentar o leite extraído das vacas e anunciou para uma família ainda sonolenta:

— Venham ver as catedrais nascendo.

Sugiro que, nestes tempos de tanta desfaçatez, façamos o mesmo. Ergamos, em conjunto, novas catedrais.

55. Um veio poético

Há um veio poético no drama da imigração. Cedo entendi haver nos avós e no pai, que aportaram no Brasil, um gesto de audácia, um sentido utópico, que terei herdado. Eles que me ofertaram uma pátria e uma língua, imprimiram-me a marca da distinção. De uma estranheza que se alimentou do polvo de oito pernas e do acúmulo de outras aprendizagens que fomentaram minha imaginação. Tornei-me partícipe de uma genealogia oriunda dos suevos, dos visigodos, dos celtas, das levas humanas que se trasladaram pela península Ibérica. Uma consciência que evoluiu a fim de eu entender ser dona de dupla cultura, apta portanto para cruzar os umbrais gregos, hebreus, o palimpsesto humano. Liberada para crescer sem limites e radicalizar a noção dos saberes. Tal legado ensejando transitar pelo caos e sair ilesa, sem perder de vista as matrizes pátrias.

Aos 10 anos, após navio da companhia Ybarra atracar em Vigo no chuvoso mês de novembro, enveredei pelas culturas espanhola e galega. Já em Cotobade, tão logo vencemos a Corredoira e desvendamos a arqueologia familiar a qual estava atada, depositamos nos carros de bois os baús que traziam o imaginário brasileiro sob forma de produtos não perecíveis, para com eles mitigar a penúria da época.

Cedo aprendi o galego, que me pareceu inicialmente gutural, até vislumbrar seus matizes líricos. E logo conheci intensa felicidade naqueles dois anos vividos entre camponeses e gente de outros ofícios. Os mitos que afloravam nas conversas e na leitura enriqueciam-me, assim como as lendas caseiras, os cantares, os relatos orais. Por força desta aprendizagem, pude constatar, já adulta, que, graças ao idioma aprendido, ingressara nos interiores inaugurais da língua lusa. Levava no coração, desde a infância, a gênese de um português enlaçado com a língua de camponeses e trovadores, quando abracei ambos os mistérios.

Devido a tantos antecedentes e devaneios, defendo o universo do imigrante. Como "brasileira recente" que se abastece de uma visão profunda do país, sem ter abjurado da minha origem, tenho a meu serviço uma memória universal. Ser filha de imigrantes apurou minha estética e meu humanismo. Assimilei na fonte que o sofrimento vivido pela minha família ao longo da sua odisseia serviu-me de exemplo, livrou-me de viver as mesmas dores. E deu-me uma vida melhor que a deles. Uma herança que motiva orgulho. Aqueles espanhóis ampliaram minha embocadura verbal, fizeram de mim uma escritora brasileira.

56. A amizade

As palavras do escritor espanhol Aramburu, que ora me escreve em nome do jornal *El Mundo*, de Espanha, luzem enquanto lhe respondo. A beleza do seu texto me dissuadiria a criticá-lo, caso merecesse admoestação moral. Sucumbo sempre aos afetos que se nutrem da arte, um binômio magnético que alarga o horizonte existencial.

Sou propensa a afinar os sentimentos, enveredar agradecida pelo coração alheio que me concede o trigo dourado da amizade que hoje me chega dos seres e dos animais. Distingo o que é dádiva e o que é veneno, a desonra do afeto. O mal deixo na retaguarda, fico com as benesses.

Professo estima e admiração a incontáveis pares literários. Minha história não se narra sem eles. Não cultivo rancor, mesmo severamente golpeada. Salvei-me acreditando que o reino da literatura é composto do excelso e do maléfico, e que de sua fonte jorra o que somos. Nosso ofício é auscultar os desvarios, os cenários ingratos. Vivo segundo frase escrita aos 17 anos: Tenho apetite de almas.

Entendo nossa precariedade, este conflito insolúvel. Portanto perseguem-me demônios e santos, mas fico com os últimos. Por força dos laços afetivos, sujeito-me às rupturas e aos fracassos. Pouco importa se somos peregrinos. Assim guardo a presença de tantos outros seres fora do universo literário com os quais me enlaço ao longo dos anos. Alguns perduram próximos, outros esmaeceram na memória. Sou-lhes grata. Redimem-me quando os evoco. Sou cada um deles.

57. Morte anunciada

O anúncio da minha morte por parte do médico não me lançou a um abismo confessional. Ou obrigou-me a passar em revista a existência como uma espécie de purificação e esboçar um retrato favorável. Naturalmente não estava preparada para uma sentença que quebrava o tabu da minha imortalidade, e deslocava-me do epicentro da vida, onde estivera instalada com haveres e afetos. Para diluir-me no pó do tempo.

Reagi à crueza do médico iniciando um diário circunscrito à minha despedida, mas que pronto abandonei, por perceber sua falsidade, em prol dos textos que seguissem as trilhas da arte. A partir desta adoção, nenhuma linha foi piedosa, resignada, ou sugeria uma capitulação. Fui irada e amorosa como sou quando abro as veias da escrita. À parte lutar por acreditar que a partida era real, nunca uma fantasia ficcional, ordenei papéis, semeei o que devia. Ia retirando da folhinha os dias que me restavam. Enquanto prestava vassalagem à literatura, o que nascia da minha lavra era da escritora que desde sempre ousara tecer histórias, inverdades narrativas, enveredara pelo enigma que ronda a escritura. Dava credibilidade à invenção em estado puro. À beira da morte, eu me tinha de volta.

A despeito do alto grau de confissão que o livro *Uma furtiva lágrima* comporta, ele reflete a experiência acumulada ao longo dos anos. De quem publicou quase trinta livros, entre romances, contos, ensaios, discursos, crônicas e outros títulos que enlaçaram reflexões, memórias, o complexo e ambíguo edifício humano.

O que aflora do livro indica uma atração pela arte de pensar fora da moldura ficcional. Formula conceitos que adentram pelo insondável mistério da nossa espécie. Credencia a autora a entender quem era enquanto aguardava o sopro da morte. O banquete da vida.

58. A minha península

ARAMBURU: *Señora Piñon, ¿se ha informado de si hay vuelo directo de Río de Janeiro a Estocolmo?*

Entre as duas cidades mencionadas pelo escritor Aramburu, Rio de Janeiro e Estocolmo, além dos acidentes geográficos, das correntes marítimas e aéreas, há quimeras pavimentando o percurso, como a mítica Atlântida, afundada na profundeza oceânica.

Contudo, onde deva eu ir, sem traçar um destino prévio, que os deuses e as forças do mistério programam, faço pouso primeiro em algum recanto da península Ibérica. Esta ponta do mundo que encosta no Cantábrico, no Mediterrâneo, e finalmente no Atlântico, que é como encostar no Brasil. Onde, por fim, a família verteu seu sangue para eu beber ao nascer.

Desembarco na península com o espírito alvoroçado e desprevenido. Sem qualquer sentimento que me envergonhe, a que falte certa grandeza. Dou aos espanhóis e portugueses o que tenho de melhor e que resgatei deles também. Da memória que repartimos e da arte que me maravilha sempre.

Mal chego, tenho a sensação de ser o próprio Colombo prestes a ser sabatinado por Isabel de Castela. Ou Pedro Alvares Cabral à beira do Tejo dando conta ao rei D. Manuel, ao despedir-se em direção ao novo mundo. Como foi deveras a aventura brasileira que o escrivão Pero Vaz de Caminha registrou em carta que dizem ser a certidão de nascimento do Brasil. Confesso que é um sentimento de triunfo que me apazigua, traz-me a mesma ternura que Suzy e Pilara Piñon me provocam e muitas vezes nem sei como transmitir a elas para que conheçam a intensidade do meu amor.

Nestas terras ibéricas, para mim abençoadas, olho este povo e quase adivinho de onde procedem, de Madri ou de alguma aldeia, antes mesmo de detectar seus sotaques. Em geral acerto. Sou bem dotada para as frases musicais, embora não tenha estudado música. Só fui aluna da dona Lucília Villa-Lobos, que dava aulas no Colégio Santo Amaro, de canto coral. Ao ser testada para averiguar o grau da minha voz, ela me condenou ao último degrau da escala havida, de quarta voz, uma categoria de cujo significado agora já não lembro. O fato é que fiquei à parte, como se não existisse. Ainda assim, eu cantava, desafiava, sofria. Mas nunca esqueci a professora que fora a primeira esposa do gênio brasileiro chamado Villa-Lobos, autor de "Bachianas n. 5", que sinto ser o hino do meu coração.

Investigo a paisagem do aeroporto, perseguida pelas malas, a bagagem que traduz meu conceito de abundância. Fará frio, calor? Inicio a jornada repartindo cumprimentos como se distribuísse pão. Imersa na algaravia que me devolve o poder do verbo alheio, penso na minha própria toada que desfaz o silêncio das longas horas de voo. Ah, o que terei guardado no peito com a crença de jamais revelar?

Tenho euro no bolso, que alegria poder pagar o pouso e o alimento. Atrás de cada moeda minha há o suor do avô, e antes dele o trabalho dos camponeses que araram a terra e morreram sem jamais sentir o júbilo da prosperidade. Gasto as moedas convidando amigos para a ceia, perto do hotel. Que emoção repartir o que seja com os demais. Expedir uma carta de alforria para mim e para eles que me querem tanto quanto eu a eles. O que seria de nós sem as alianças mesmo quando um dia elas se desfazem. Ou o amor que não chancela a eternidade, mas ilumina os segundos da vida.

Já estou no centro da cidade em que acaso estou. Prossigo na tarefa de descobrir o mundo, um incansável exercício que se pratica até o último suspiro. Sempre benfazejo. Deixei para trás o lar carioca, mas não fechei as portas. Quero-as abertas para quando regresse, ou para quem renova o ar para nada dentro fenecer. Onde se esteja, somos feitos de despedidas, de intercâmbios secretos, de troca de olhares tristes.

Não sei quando regresso à casa. Jovem eu dizia que algo poderia ocorrer que alteraria minha vida para sempre. Aceitava, pois, um imprevisto voraz, que faria de mim uma mulher que não fora até então. Esta disponibilidade que o amor súbito e revelador impõe a seus contendores. Que abismo é este?

Vou de visita ao Prado ou à praça do Rossio. Madri ou Lisboa. Onde estou que estive no passado e fui feliz. Importa agradecer à vida os dias que tive e os que ainda tenha, quem sabe. Que seja uma semana com algum amor ao lado, com o divino orientando-me a palmilhar a trilha secreta da morte. Após ter sido cúmplice da humanidade.

59. Ovelha tresmalhada

Cheguei a ambicionar ser uma ovelha tresmalhada. A despeito do leite materno que me educava, eu enaltecia a liberdade que aflorava o melhor de mim, cedia-me aquele alimento cujo alto teor amoroso e pedagógico introduziu-me à vida e aos princípios familiares oriundos das aldeias galegas. E que, embora inscritos na alma, deram-me pretextos para contestar, para dar aos seus postulados novas interpretações. Sem para tanto revogar, como exemplo, a visão redentora do Cristo na cruz, apologia essencial do meu cristianismo.

Cedo dispensei filósofos e teólogos para acreditar que a arte e a criação são a soma dos acertos e desacertos da utopia humana. E que o erro é o indutor de eventuais correções. Embora sujeitos ao ardil dos dias e da memória esgarçada, nascemos para sonhar o impossível. Assim, nenhum sábio reforçou minha crença na humanidade. Sou devedora, sim, dos humildes, dos peregrinos, dos anacoretas do deserto, do século IV. Dos gestos e das palavras que, originários do apostolado de Deus, são indicadores da frequência civilizatória do meu coração. Dos seres que reverberam ao meu lado e representam a história da humanidade. E em seu esplendor resumem a história do milênio.

Nestas horas questiono o projeto de Deus, que empalidece as quimeras humanas. E me acautelo de nossos devaneios metafísicos. Indago, então, que chances temos nós, estrangeiros e aflitos na terra, de alcançar o rouco vagido da felicidade, de mergulharmos febris no regaço de Deus em nome de um sentimento que encarna o soberbo átimo da esperança?

Indiferentes, no entanto, ao traçado do cotidiano que sublinha epílogos nem sempre auspiciosos, sucumbimos todos ao sonho de uma benevolente eternidade. Sob a custódia de um assombro que consome muitas vezes o que temos de melhor.

60. *Crime e castigo*

A literatura abre as portas do mundo para o leitor. Ora é suave, ora apresenta-nos em suas páginas uma humanidade carregada de culpas, sem redenção, de mistérios que fustigam.

Cada livro, porém, no seu bojo, promete-nos uma revelação, sensível ou penosa. Há na narrativa uma linguagem com o poder de alterar nossa sensibilidade, de sujeitar-nos a uma radical experiência anímica. Pois é assim que o texto, ao agir como uma seta no coração, cumpre seu dever artístico e ético.

Desde a infância amei a literatura. Lia com fervor, a fim de sondar o mundo. Cedo quis ser escritora, embora pouco soubesse do ofício, dos seus conceitos. Queria, no entanto, desfrutar das benesses existentes vindas em certas páginas. Deixar a casa em busca de aventuras e ser feliz.

Foi quando, menina ainda, de volta ao Brasil, após dois anos vividos em Espanha, trouxe como bagagem saberes e esplêndido fabulário que alargaram meu horizonte. Além de duas línguas que falava e o domínio de uma vida camponesa que me fez sentir no medievo, em outros séculos. Uma nova sensibilidade que me preparara para leituras densas, como o romance *Crime e castigo*, de Fiódor Dostoiévski, que li rendida. De imediato sucumbi a um fascínio que me despertou emoção avassaladora, impôs-me uma nova ordem de conduta, e um inovador estatuto doutrinário. Uma realidade ficcional que destacava uma paixão desmedida, uma violência que não aferia as consequências do seu ato. Um enredo que abandonava a condição humana para assumir a bestialidade. O retrato dos indivíduos asfixiados por delírios e ressentimentos.

Alvejada eu por cada cena, sentia o impacto de uma consciência inaugural, já severa, a reclamar minha adesão a uma utopia ética. E que a partir desse desabrochar jovem esteve sempre presente em mim, a jurar jamais me abandonar.

A partir daquele russo maravilhosamente insano, seguindo um processo contínuo, transformei-me. Não seria mais a mesma. E não que fosse pétrea, mas quem ao passar em revista os feitos diários se lapidava a cada amanhecer. Enquanto sujeita ao pecado oriundo da minha humanidade, tinha a alma em carne viva, querendo salvar-se.

Desde o romance *Crime e castigo* travo o embate sem fim que me norteia. Faço da consciência o meu epicentro moral.

61. Meu Portugal

Não pedi emprestada a paisagem portuguesa para cenário de meu romance *Um dia chegarei a Sagres*. Jamais aspirei fazer de Portugal mero panorama onde pousar minhas idiossincrasias ficcionais sem lhe ofertar em troca a minha alma. Sem lapidar à exaustão a língua lusa cuja majestade o avô Daniel regalou-me décadas mais tarde após desembarcar no Brasil.

Recordo que já em 2005, entrevistada pela jornalista Ana Sousa Dias, para a televisão portuguesa, disse-lhe que meu próximo romance encrustaria em seu frontispício Sagres, o Infante D. Henrique e personagens do campo. A serviço eles das utopias que combatiam a melancolia fincada nos domínios rurais.

Só em 2018 dei início à narrativa que desvelava os desígnios do camponês Mateus, cujo imaginário ancorava-se nos tempos do Infante, embora vivesse sob a vigência do século XIX. Quando ele e o avô Vicente, enlaçados, padeciam de uma compungida ancestralidade que há milênios sangrava.

Instalada em Lisboa, pautada por premissas estéticas e históricas, nutria-me do que sabia e inventava. Até das sobras da infância, em que, visitando a capital lusa, fui levada a conhecer, nos Jerônimos, o túmulo de Camões. Aquele vate que inaugurou o esplendor da nossa língua, e a quem eu recorreria no futuro para melhor entender a sua ínclita geração, a qual incluíra o Infante da dinastia de Avis.

Ao seguir diversos roteiros, auscultava aldeias e urbes, sob o impulso de uma sensibilidade atenta às intrigas, aos lamentos acomodados nos casulos da história. Assim como captava os ruídos da língua falada em épocas que emanciparam o verbo luso. Aquela matéria de índole turbulenta e poética que Mateus e Vicente, em meio ao desconcerto e às trevas da miséria, haviam herdado.

Onde eu fosse deparava-me com uma prodigiosa riqueza. Intuía o mistério contido no palimpsesto daquela cultura. A vida ali tocava-me o coração, até mesmo os brados provindos do estádio do Benfica, meu vizinho. Mal desperta afugentava os excessos da contemporaneidade a fim de palmilhar terra e mares a serviço dos enigmas da criação literária.

Cingida aos camponeses e aos navegantes de outrora, atribuía-lhes a dramática odisseia que nos legaram. Com que fervor segui as pegadas de Gil Eanes na iminência de vencer o Cabo Bojador. Aquela insanidade que em meio a outras estabeleceu um paradigma que fez do reino uma nação. E que impôs ao mundo uma nova imaginação.

Mateus tornou-se o protagonista narrador. Próximo às águas do Minho e da foz do Atlântico, ganhou os substratos dos povos antigos cujos vestígios ainda agora alagavam a região. Atingiam Mateus e o avô Vicente, sujeitos à cobiça, às desavenças históricas, às descargas poéticas de uma intensa humanidade.

A ação narrativa consumia-me a imaginação. Havia que dar relevo às porções inaugurais do mundo português. Afinar a linguagem com que saudar lendas, sortilégios, fundações arcaicas. No entanto, para dar curso ao romance, era vital fabular a realidade a partir de um realismo exacerbado, onde boiavam os detritos da paixão humana.

Embora senhora fosse eu de um destino que atestava minha maturidade autoral, eu sucumbia às incertezas e à fluidez do texto à borda do abismo. Meu humanismo, provindo de Camões, filiava-me à língua portuguesa. Uma condição que me outorgava o direito de ter sediado este livro em solo lusitano que levo atrelado ao sonho. Enquanto o avô Vicente fez-me saber como era a dor de ser humano.

62. Os mestres

O lar galego nutriu-me com pão e valores. Abastecida de amor, fui entregue ao Colégio Santo Amaro, de professoras alemãs, para cumprir meu destino educacional.

Sob a custódia das madres beneditinas, fui introduzida aos mistérios da educação formal, estaria a salvo da vida à deriva. Aos poucos escalaria os degraus do conhecimento. À sombra dos livros e da escrita. Seria um espírito universal. Enfim o que me faltava.

As mestras eram rigorosas, mas estimularam minha percepção de mundo, enquanto me ensinavam o uso simbólico do lápis, do caderno, do quadro de giz, da alquimia da palavra. Davam ênfase aos livros que alicerçavam os saberes transmitidos.

Madre Elmara Bauer, que ensinava latim e grego, respondia pela classe, portanto auscultava quem éramos, nosso agir. Dizia-se ser uma nobre austríaca que ingressara na ordem beneditina já com sólida cultura. Ao intuir eu a nostalgia que lhe suscitava a arte cênica, a que não tinha acesso, tornei-me sua amiga e seu alter ego. Supria-a com detalhes do que eu assistia nos teatros. Emprestei-lhe meus olhos e meu arrebato teatral. Em troca madre Elmara intensificava meu fervor literário. Nos intervalos das aulas ajudava-me a interpretar Corneille, Racine, a distinguir a essência lírica de Ronsard e o grupo da Pléiade. Ainda a essência da poesia medieval que pousava no "Roman de la Rose".

As madres respondiam por uma pedagogia clássica pautada pelos ditames civilizatórios. Sempre em consonância com paradigmas embutidos em sua formação religiosa. Mas sem nos privar de um ensino capaz de fertilizar o intelecto, de recrudescer a leitura em casa. Uma didática propícia ao entendimento da complexidade humana.

Atreladas elas a seus códigos, jamais senti que tolhiam meus movimentos ao rechaçar alguns dos seus dogmas. Como se confiassem elas nas irradiações da minha humanidade. Também eu valorizava quando lançavam setas à minha mente com o intuito de acatar a vertigem que os pensamentos produziam ao fundirem-se a esmo. Assim desvendando o que estivera velado.

Havia que sistematizar o conhecimento, estimar o empenho intelectual que sempre deram existência às obras imortais. Para tanto convinha superar obstáculos sem temer reveses.

Com os recursos curriculares do colégio, parecia-me que as madres, em nome da estima que me tinham, amalgamavam a massa dispersa dos meus saberes para erguer com eles a casa que no futuro abrigasse minha criação literária. Queriam poupar-me das dores que sempre sofreram as criaturas humanas à mercê das eclosões históricas que solaparam as utopias.

No convívio escolar eu rastreava a inventiva humana e os labirintos da memória. Ambas as funções dando guarida ao enredo da própria família que ao cruzar o Atlântico fez-me brasileira. E que em parceria com as mestras legou-me a noção da aprendizagem, da perseverança, que se fortaleceriam. Sem me descuidar da área dos sentidos e das emoções. Ocupar assim um lugar propício à minha alma. Ao verbo com o qual pensaria a vida.

Sou grata a todos os mestres que me escolheram para dar vida aos seus sonhos. Para ser o que eles tinham de melhor. Prezo tanto o humanismo que generosamente se desprendia deles a cada lição. Guardo na vida e no ofício de escritora a marca das suas presenças. O quanto formalizaram minha cidadania. Sei que os efeitos do ensino escolar são visíveis na grandeza de uma nação. E que a educação esclarece definitivamente quem somos.

63. Conceito de brasilidade

Conceituo minha brasilidade simulando que desembarquei na praça Mauá no início do século XX, na penosa condição de imigrante. Com sobras de chorizo e toucinho na mochila que mitigaram a fome durante a travessia atlântica. Como quem nada tendo ainda a ganhar após ter perdido tudo. Língua, pátria, fé, os vivos e os mortos deixados para trás.

Bem sei que é uma fantasia a reforçar minha noção de pátria. Mas não a dispenso para arrastar comigo meu passaporte brasileiro. Proclamar ser filha desta nação injusta com os miseráveis e indulgente com os sátrapas, em especial os homiziados em Brasília. Assim, como habitante dos grotões, agradeço a audácia dos ancestrais que me deram o pão de cada dia. Ensejaram que eu me tornasse a escritora que ainda hoje afia a pena com o canivete da infância.

Portanto sou brasileira de que ângulo me analisem. Dispenso favores para exercer minha condição. O que logrei deposito no altar brasileiro, um aras abstrato, mas presente em todos os recantos. À beira do cais e em São Lourenço. No plenário da Academia Brasileira de Letras onde ganhei de vez os quatrocentos anos brasileiros que me faltavam.

Sem dúvida minha alma é meu lar, mas o Brasil é meu testemunho. O sepulcro onde meu corpo há de se abrigar.

64. Feminismo

É frequente confessar que sou uma feminista histórica. Um reconhecimento que não lesa meu passado nem enaltece meu presente. Simplesmente é uma admissão pública de um estado que absorvi praticamente na adolescência e sem esforço. Como se cedo me desse conta do cativeiro que padeceu a mulher ao longo dos milênios.

O feminismo é um movimento de dimensão universal. Suas raízes vêm de longe e propiciaram uma revolução sem sangue, sem uso de arma. Travada no seio da sociedade, não expulsa o convívio social, os seres que as mulheres amam. Apenas reivindica direitos, retificações históricas.

Tive a oportunidade de estar nos lugares onde ocorriam feitos que por sua natureza iam ou iriam alterar o rumo da sociedade. Conheci, então, mulheres com espírito bravio, convictas de suas opções políticas. Seres que, sem abdicar das obrigações que lhes foram impostas como inerentes ao seu gênero, dedicavam-se a fazer ver às demais que já não cabia aceitar o que o mundo nos oferecia.

Cada época gera mulheres fortes, igual ocorre com os homens. Sobre cada indivíduo, independente do sexo, paira uma sentença de morte ou um alarido libertário. Os que resistem, lutam por um humanismo que nos salve. São seres que se constroem a cada amanhecer.

65. As casas camponesas

As casas camponesas que frequentei, construídas de pedras, eram isentas de desperdício. Cinzeladas por mestres canteiros que, enfeitiçados pela ductibilidade da pedra, sopravam a poeira após prolongadas carícias na superfície lisa esculpida com cinzel. Gesto amoroso que imito ao forjar o personagem na iminência de nascer.

Em Borela, terra do pai, os animais abrigavam-se na parte de baixo da casa. Um conluio entre humanos e bichos que me recordou sempre, em outra escala, os poetas goliardos, do medievo, que, em andrajos e devassos, misturavam-se ao longo da jornada com bestas, mulheres e miseráveis sem abrigo. Como donos da poesia, derramavam o ácido da periculosidade sardônica, o mel da escatologia por onde seguiam. Talvez, como clérigos que foram, aspirassem à perfeição dos santos cultuados pelos galegos.

Nestas moradas, com escassos bens, destacavam-se o pão, os chorizos e as batatas, traços civilizatórios. Indícios de que os galegos lutaram como lobos para chegar vivos ao alvorecer.

66. Lisboa

Vivi em Lisboa no ano de 2018. Instalei-me naquela luminosa cidade com o intuito de auscultar a paisagem, os ruídos da língua, os sentimentos do passado que às vezes afloram no presente, de fazer pesquisas para o novo romance, *Um dia chegarei a Sagres*, enquanto o ia escrevendo.

Neste ínterim, minha editora portuguesa, Guilhermina Gomes, decidiu então publicar *Uma furtiva lágrima*, valendo-se de minha presença e do fato de haver sido contemplada naquele período com o prestigioso prêmio Vergílio Ferreira, e o prêmio da Lusofonia, que abrange o universo luso. E ainda pela circunstância de o Correntes D'Escritas, o mais reputado congresso de escritores de expressão ibérica em Portugal, em Póvoa de Varzim, ter-me escolhido como a homenageada do encontro, e me dedicado a revista anual. A editora julgou proveitoso contar com meus últimos dias em Portugal. Aceitei e senti-me uma jovem estudante a contemplar os céus de Lisboa.

67. A outra margem da utopia

Galícia sempre teve asas. Foi propensa a sobrepor-se às fronteiras, a perambular pelo mundo como um Ícaro afetado pelas culturas que se instalaram na Península Ibérica.

Ainda quando fincada nas aldeias ou na vizinhança do mar, Galícia alçava voo. Bastava-lhe contemplar o Finisterra, onde o mundo parecia terminar, para oferecer homens e barcos às águas tormentosas à guisa de holocausto, e preparar-se para chegar às Américas com suas levas de imigrantes.

A vocação de estar na outra margem do Atlântico manifestara-se cedo, por força talvez de uma imaginação alimentada pelos olores marítimos, pelas peregrinações medievais, pelas descobertas, pela pobreza.

Aliás as configurações geográficas de Galícia estabeleciam uma ponte pênsil para o poente, um ponto cardeal que quase lhe facilitava estar ao mesmo tempo às margens da América e da própria pátria. Na crença de que seus afazeres e sonhos poderiam deitar raízes igualmente em Buenos Aires, Bahia, Cuba.

Ao bordejar as Américas e residir ao oeste dos seus mapas, a expansão geográfica incorporou-se à sua alma. Fomentou a melancolia, o espírito de aventura, a convicção de fazer parte das ilhas, dos arquipélagos, do equador, dos meridianos, dos hemisférios, dos pontos cardeais, onde ofertar sangue, saberes, civilização, famílias.

Ao padecer das turbulências do novo lar, os galegos, senhores de tradições e utopias, de crendices ilusórias, que em conjunto espelhavam resíduos arcaicos, colaboraram com as narrativas continentais. Iludiam-se de albergar sentimentos inaugurais como se fossem autóctones.

Nasci deste ímpeto aventureiro. De uma cultura familiar à qual Galícia emprestou-me a arte de prolongar os relatos uma vez iniciados, para fazer crer aos demais que não há epílogo para a imaginação humana. Aprendi cedo, em Cotobade, pertencente à província de Pontevedra, onde vivi dois anos, que, ao ancorarem no Brasil, os galegos foram deixando lastros sob forma de símbolos, de ruídos da própria língua em cuja gênese se aninhara o galaico português com seus eflúvios, seus galardões poéticos.

Graças a tal experiência, senti-me herdeira da épica provinda da imigração que, mesmo constituída de anti-heróis, encarnava a postura revolucionária do imigrante que, ao se recusar ser um mero usurpador das riquezas nativas, transformava-se de imediato em um cidadão ajustado às leis e aos costumes locais.

Os galegos, de natureza discreta, tinham uma astúcia secular, oriunda dos maus-tratos impingidos pelas elites e pelo clero, cuja intolerância não poupou quem fosse. Vale recordar que, no distante século XII, levou o místico Prisciliano ao cadafalso, acusado de herético.

Mas ainda que enveredando por rotas adversas, os galegos arrastavam consigo os poemas e as canções de Rosalía de Castro, a única mulher do Ocidente a encarnar uma literatura nacional, enquanto faziam ecoar no inconsciente cultural das Américas as cantigas de amigo do medievo, que difundiram em seu bojo, sob forma lírica, e baixo o resguardo de certa inocência, um erotismo incandescente. Também emergiu no folclore americano resquícios das *jotas e da muñeira* que bailei no átrio da igreja de Borela nas festas de verão. Ainda o som das gaitas ouvidas nas festividades, que evocavam o ano de 1924, quando em Galícia eclodiram os movimentos independentistas. Igualmente menciona-se nas cátedras brasileiras o memorável *As cantigas de Santa Maria*, que Afonso X, o Sábio, compôs em galego, graças à ama de leite que lhe ensinou o idioma.

Paralelo à arte de sobreviver, os imigrantes se excediam em seu nobre ofício da cantaria, com o qual no passado construíram a catedral para o apóstolo Santiago, em Compostela. Com pungente gênio, mestre Mateus talhou em pedra o Pórtico da Glória, dramático frontispício teológico, e deu-lhe perenidade.

A obra maior de Galícia, porém, é ter feito seu plasma gotejar nas veias americanas, que seus filhos integrassem a construção sanguínea da qual derivou esplêndida mestiçagem. Uma ocorrência histórica que envolveu suas aldeias na misteriosa gênese do continente.

68. A minha Scherezade

Vozes do deserto, romance saído no ano de 2004, exigiu pesquisas que me municiaram com amplo conhecimento dos primórdios da cultura islâmica. Desde o estudo do Corão, a dinastia abássida, as artes, sua suprema caligrafia, a língua, os sufis, a Escola dos Tradutores, Bagdá, a cidade espremida entre o Tigre e o Eufrates, e o milenar *As mil e uma noites*.

Ao escrevê-lo, esforçava-me para não ser um romance erudito. Combatia a riqueza acumulada para fixar-me, isto sim, na arte de narrar, que tinha Scherezade como modelo. No método narrativo que ela aprendera, adolescente, quando disfarçada de rapaz, nas visitas ao popular bazar de Bagdá. As vielas e redutos onde os miseráveis adestravam sua oralidade.

Fui Scherezade o tempo todo. Perambulava por Bagdá mesmo durante as aulas que dava em Miami e em Washington. Forçada por evocações épicas, eu construía minaretes verbais, colhia o burburinho da urbe. Travava constante embate entre a imaginação da princesa e a carnalidade abusiva do califa. Queria persuadir o monarca a renunciar ao poder em troca da sedução emanada da palavra. Uma eleição que o fortaleceria no trono. Pois o verbo valia mais que qualquer construção em pedra.

E assim foi. Até o término do romance, assegurei que as histórias contadas pertenciam de fato à milenar Scherezade. Um rosto sem dúvida belo, mas que não conheci. Como lamento não termos conversado, que não me tivesse ensinado a arte narrativa que busco desde a infância.

69. A cultura

A percepção que às vezes tenho da cultura é sua ação benéfica de abolir fronteiras, de semear controvérsias. Faz-me crer que meu nariz é igual ao dos demais humanos. De nada vale empiná-lo, merecer aplausos. Portanto qualquer manifestação de arrogância termina na cova de sete palmos.

Bom saber que usamos todos a mesma linguagem para dizer que padeço de dores, tenho fome, amo. Como mestiços na terra mestiça, fruto do cruzamento de todas as cópulas, e respondermos por todas as peles do mundo. O que faz do meu avô Daniel, de Cotobade, um negro, e um avô negro de Angola um galego branco.

A cultura ensina-nos que a beleza não aceita expurgos. O macho louro e a fêmea rubra não são referências estéticas, padrão de excelência. Basta termos nascido para sermos formosos e inventarmos a epopeia do mundo. Ela alicia para o bem e para o mal, mas sabe plantar jardins, criar Mozart, chorar com Velázquez. De outro modo como explicar que *Don Quijote*, uma vez traduzido, pertence a quem o lê?

70. *Livro das horas*

Falar em primeira pessoa requer audácia. Mas é uma opção natural. Enquanto falo por mim, ou penso por mim, incorporo os demais a minha genealogia. Não ando sozinha pelo mundo. Sou múltipla, sou muitas. Minha linguagem reverbera, tenho a memória de todos na minha psique. O coletivo me afeta, está dentro da minha primeira pessoa, que é uma experiência dramática. É saber que estamos sós no mundo, não nascemos de uma ninhada. Assim cumpro um acordo de, ao narrar minha história, contar com a de todos. Reverencio aqueles com que comparti a vida. O *Livro das horas* representou uma experiência que foi muito além da estética, da arte narrativa.

71. A solidão do verbo

A solidão é um voo cego, sem rumo, não se sabe quando vai, para onde segue. As palavras que a rondam apontam carências, atração pelo que nos humaniza. Contudo nada preenche o vazio que nos afunda na agonia. E que nem o filtro poético da língua induz à salvação.

72. O português

O português consente que eu diga o que preciso. E que me exceda fingindo ser um trovador que bate à porta dos castelos, que anda da feira ao prostíbulo.

Pouco importa se nas horas vagas falo com Deus nesta língua. Porque ele entende desde o latim, o sânscrito, enfim, os idiomas dos hebreus ao pé da Arca. Mesmo porque este Deus não me responde, simulo segundo sua conveniência ser afásico, como se obedecesse ao comando de quem se diz acima dele.

Dizem que Carlos V, do Sacro Império, falava com Deus em espanhol, língua que aprendeu a partir dos 15 anos, quando desembarcou no litoral de Espanha, perto de Tordesilhas, para destronar a mãe, Joana, a Louca. Mas quem o terá ouvido conversar com Deus em igualdade de condições? Acaso ajoelhava-se ou lhe falava como se estivesse no trono comandando seu exército?

Qualquer língua, porém, está a salvo do espírito demolidor dos seres. Afinal, se o homem inventou o verbo, está apto a abatê-lo. Sobretudo porque se julga eficaz quando grava suas palavras para a eternidade. E que eternidade é esta que se perde na noite de todos os tempos? E em meio à ruína verbal dos tempos atuais, registro a grandeza dos clássicos. Dos que tiveram a sorte de falecer deixando uma obra para os pobres mortais que os foram sucedendo. Acaso Homero, Cervantes, Camões, Shakespeare, Machado de Assis, teriam alcançado a plenitude dos recursos de suas respectivas línguas?

73. A infância na casa dos avós

Lembro-me da infância na casa do avô Daniel, no Rio de Janeiro, quando formávamos no início um grupo valente, que se vangloriava da vida e dos seus feitos. E que fazia brindes ao Brasil e à Espanha como se seus corpos operassem o milagre de estar em ambos os países ao mesmo tempo. Uma crença que sempre acatei por julgar que assim operava eu em favor das minhas convicções.

Agora que todos partiram, avós, pais, tios, pronuncio seus nomes sem ruído, sem eco, com certa unção. Quase sem alvoroçar os lábios. Não desejo que os demais identifiquem a minha dor, o quanto ressinto viver sem eles. Razão talvez por falar tanto deles nas casas alheias onde sou generosamente recebida.

Ao longo dos anos restou-me retirar seus lugares da mesa, privá-los do vinho e do pão. Em lugar dos objetos inanimados, como pratos e talheres, ficaram suas memórias que eu avivo e a brisa que chega da Lagoa, o bairro onde moro, quase ao pé do Cristo Redentor, uma das maravilhas do planeta.

Recordo as comidas que consumíamos no passado e percebo que são tão ingratas quanto os homens. Outrora minha família toda de origem galega teimava em repetir a cada Natal as mesmas iguarias, como o polvo à época importado de Espanha. Aquele ser marítimo de oito pernas marcou minha vida para sempre. E que resistia ao convívio alimentício daquela família talvez porque estranhasse o Brasil onde desembarcara. Desconfio que assim fosse porque havia que surrá-lo exaustivamente contra o mármore do tanque, que ficava no quintal da casa, antes de imergi-lo na água fervente.

Como menina eu me horrorizava com o espetáculo a que o animal era submetido para vir a dar prazer aos que o consumiriam banhando-o com a salsa que a mãe aprendera com os padrinhos originários da ilha de Arosa, onde proclamo ter apreciado a melhor comida em muitos anos. No entanto observava que o esforço em lhe suavizar os tentáculos não ofendia aquele bicho extravagante, cujas pernas múltiplas, nervosas, porém simétricas, fortaleceram a imaginação desta futura escritora, que jamais apagou a visão daquele ser pré-histórico que rastejava o fundo do mar semeando pânico entre os demais peixes entorpecidos pela escuridão oceânica.

Hoje, após tantas décadas, muitas mudanças afetaram a cultura familiar. Como iria eu então imaginar que após a morte dos fundadores, Amada e Daniel, adotaríamos o hábito de levar à mesa o peru com farofa feita de miúdos e azeitonas sem caroço, o presunto, conhecido como tender, galhardeado de frutas grelhadas, de fios d'ovos. Enquanto o polvo e o bacalhau, outrora sagrados, foram sendo aos poucos deslocados do centro da mesa em torno da qual gravitávamos, provocando em algum de nós, quem sabe, a dor sentida pelo espinho da memória fincado no peito.

Acaso somos hoje ainda filhos que renegaram suas origens, os nomes herdados, embora nos comportemos nestes tempos dissolutos com honra e dignidade? Somos então sucessores ingratos, deixamos de ser quem éramos? E neste caso quais são nossas credenciais? Ou o Natal de outrora esvaneceu-se simplesmente não por culpa nossa, mas de um Brasil que já não reconhecemos?

74. O mutismo de Deus

O mutismo de Deus, contudo, colaborava com o meu verbo. Juntos íamos galgando a montanha para um dia acercarmo-nos do poético coração humano. Mas foi assim, ou a exaltação do verbo de novo me confunde, sua vertigem divina?

Diante do palco de algum teatro, após as cortinas se abrirem, eu me sentia à deriva, cheia de graça, pronta para acolher a anunciação da vida. A arte surgiria à minha frente, benéfica e prodigiosa. Confiava em seus efeitos duradouros na minha memória. A partir do que ocorresse no cenário, eu valorizaria minha humanidade. Uma vez que ao lograr um atestado libertário assegurado pela arte, cederia para os demais o melhor de mim. Haveria de ser uma mulher de fé. Batizada pela arte.

Deus, aliás, seguiu-me desde o berço. Fez parte da genealogia familiar. Uma herança que nunca foi um fardo. Ao contrário, sem exaurir meu ímpeto vital, ampliou o horizonte, projetou luz sobre as vagas imperativas do cotidiano. Sem me furtar das excelências da minha vida privada, da audácia estética com que me confrontei com os enigmas da literatura, da coragem narrativa de esmiuçar o roteiro alheio, de entender a colisão havida entre todos. Ofertou-me a certeza de ser eu modelo imperfeito. A réplica de um protótipo propício a errar, que batalhava contudo por recuperar as partes que me faltavam.

Acolher Deus beneficiou a mulher e a escritora. Permitiu estabelecer com Ele uma cumplicidade mediante a qual confiei nas ações humanas. Isto porque contei, desde a infância, com uma imaginação panteísta, povoada de deuses, de homens que por viverem nos séculos III e IV, período que ensejou a liberdade de se ser pagão e cristão ao mesmo tempo, puderam instaurar emblemas e noções inovadoras. Uma aventura que não me impediu de seguir as pegadas monoteístas, de admirar exaltados profetas e santos, como o apóstolo Paulo, de relegar os rituais amorosos que se opunham à sangrenta luxúria, à abominável condição humana. Rituais que me fizeram crer na perfeição do portentoso aparato de Deus. Do qual adveio o sentimento andarilho que clamava pela prerrogativa de armar tendas no deserto do Saara, ou na sala da casa. Enquanto insurgia-se contra um Deus disposto a cancelar meus sonhos.

Tal crença não me impediu de aceitar que os demais proclamassem de que tecido se fazia uma filha de Deus, incendiária e antidogmática como eu. Pois, condescendente, eu seguia pensando como Deus que, havendo sido desenhado pela carência humana, aceitara associar sua efígie a nossa imperfeição. Acaso fora a forma que Ele encontrou de continuar sendo o Deus dos homens?

75. Cotobade

Quando falo de Cotobade guardo suas lendas comigo. Elas aguçam minhas lembranças e não me deixam fenecer. Todo esse acervo me alimenta. Não modernizo os mitos galegos no afã de torná-los contemporâneos. Para quê? Não os quero roqueiros, com andrajos que soam falsos. Mito não se atualiza. O núcleo mítico de minha Galícia alastra-se além das aldeias que amei. Assim, quando menciono os *hórreos*, o abrigo de pedras assentado sob pilares onde se guardavam as espigas de milho a salvo dos roedores, que enfeitam a paisagem galega, digo como eram chamados na casa da avó: canastra. Alguém me induziu ao erro, mas pouco importa. Vale levar estas visões galegas pelo mundo afora, mesmo quando discurso sobre a contemporaneidade.

Desde cedo sondei através da família qual foi o percurso do imigrante. Ele não me ilude, não me esconde seus segredos. Choro, ainda que os imigrantes que conheci nada me dissessem. Ao chegar a Vigo, menina ainda, aquela terra pareceu-me inóspita, fria, com mulheres que levavam um luto eterno. Mas, quando cheguei à entrada de Borela, vi a ponte medieval e a capelinha, padeci de um assombro amoroso. Jurei que amaria aquela terra para sempre. É o que faço ainda hoje.

76. *A república dos sonhos*

A urdidura romanesca de *A república dos sonhos*, romance publicado em 1984, me atordoa. Sua massa verbal não me permitiu redução, atenuar os conflitos. Paira sobre ele certa transcendência que diz respeito à estranha noção que se tem da pátria, do lugar onde se nasceu. A narrativa insuflava ideários, imaginações, cargas provindas da civilização. Aponta para as misérias e os sonhos de ambos os continentes. O enredo galego remonta ao medievo até expulsar seus filhos para a América. Um mundo áspero para quem chega sem identidade e vai fazer parte da argamassa brasileira.

Enquanto o romance mergulha na história do Brasil, de como se forjou uma nação, cada qual vive a sua modesta utopia individual que se perde em uma épica coletiva, de penosa sustentação. Uma saga que narra as irregularidades humanas, de uma comunidade imigrante e brasileira.

Também de abundante matéria iconográfica, seu arcabouço abrange o drama do Brasil e os imigrantes que aportaram aqui, deserdados da sorte que vislumbraram uma nova América. Um enredo que assumia as incertezas de uma humanidade ao relento, mas com noções ancestrais. Personagens que por força da ascendência arrastavam consigo evocações e seus mortos. Cada qual delegava ao outro sua história, que traduzisse os sinais dos povos.

Na retaguarda dos imigrantes havia a memória diariamente restaurada, à medida que ganhavam o pão. Devendo reforçar diante dos extratos sociais gananciosos suas identidades, seus emblemas culturais. As suas genealogias sofridas que se aliavam com a constelação de mestiços igualmente marginalizados.

Eu expunha suas intimidades, as emoções e os desvarios da carne. Durante o curso da narrativa escoavam as vidas de Eulália, Madruga, Venâncio, Odete, Esperança, Breta. Um elenco heterogêneo afetado por facções bárbaras e cultivadas que cruzaram o Atlântico. Eu não lhes reservava um destino obrigatório. O novo mundo impunha seus novos conceitos. Cabia-me assumir lapsos, errar junto a eles. O meu imaginário dava-me pistas por onde seguir ao longo de mais de duzentos anos. Fornecia-me paragens reais e fantasmagóricas engendradas pelos povos.

Apoiada no que sabia, realcei idiossincrasias, preconceitos, mazelas, discursos perversos. Repartia fatias de falsa retórica, aguardava a esperança de animar os filhos da pátria atolados no espetáculo prestes a se encenar.

Mas eu cuidava sobretudo da memória. Da eficácia do seu idioma que é vasto e sem o qual o *A república dos sonhos* não existiria. Uma memória presente ao longo dos 37 capítulos que abrigaram a penúria, a solidão, os devaneios, o fracasso dos ideais individuais, do Império, da República, das rebeliões, das ditaduras. Os tremores civilizatórios, as etnias enlaçadas. O mundo, plasmado há milênios. Enfim o tabuleiro de xadrez sobre o qual os personagens se moviam crentes na imortalidade da vida.

77. Nossa Senhora de Borela

Na mesa, onde ora escrevo, observo o quadro que retrata a ponte medieval e a capelinha de Nossa Senhora de Lurdes, de Borela, aldeia do meu pai, onde fui esplendidamente feliz. Ambas as glórias daquele povo deflagraram o início do meu amor por Galícia. Foi uma revelação portentosa, quando eu tinha 10 anos. Bastou-me vê-las naquele novembro frio e chuvoso, após desembarcarmos em Vigo e seguirmos de carro para Cotobade, da infância, para ser golpeada por uma rajada de flechas amorosas, disparadas pelo meu destino. Um enamoramento que perscrutou a ponte, o próprio medievo que chegara misteriosamente àquela zona e a capela que certamente emitia sinais milagrosos. Um real assalto ao meu ser, embora desconhecesse o significado de estar naquela Galícia de onde a família se trasladara para o Brasil. Quem sabe arrastando com eles o fardo de uma nostalgia da qual jamais se livrariam, e nem eu. Certamente porque, esquecidos da pobreza vivida na pátria galega, elas tornaram-se de longe uma ilusão. Uma espécie de quimera que se igualava à minha, quando eu narrava.

O que acontecesse a Cotobade a partir da minha chegada dizia-me respeito. Como se eu tivesse concedido àquele solo o poder de extorquir da minha vida o plasma essencial.

O quadro, na sala, que destaca a capela e a ponte em esmalte, foi-me oferecido em 2005, quando Cotobade, em bela cerimônia, honrou-me com o título de Filha Adotiva. Homenagem tão emotiva, para mim e meus mortos, que senti receber este prêmio diretamente das mãos de um deus disposto a repartir benesses entre os humanos a pretexto de torná-los compassivos e generosos. Com o intuito de todos aconchegarem no peito um mérito intraduzível.

Este Cotobade, a que me refiro, arde agora tomado pelo fogo. Carboniza o meu Pé da Mua, o modesto monte que cantei nos livros, nos discursos, em certas reflexões, e que perco imersa na dor. O monte que em tenra idade comparei ao Annapurna, ou mesmo ao Everest, tal como me ditava a fantasia. Quantas vezes, vencendo suas trilhas, iludida de estar dando início a uma escalada inesquecível, instalava-me à sombra de um carvalho secular, sem temer os uivos dos lobos e do vento norte que se entrelaçavam.

À primeira notícia do incêndio quis ser Ícaro e salvar Galícia. Mas o que fazer uma modesta escriba, que habita o coração do Brasil, para amparar a terra do pai? Se destituída de recursos? E tinha as mãos inábeis, faltando-me o sopro de Netuno para desviar até aquelas terras as águas do mar. Sei que as chamas não se aquietam, avançam. Em todos configura-se o desespero, a tragédia assombra. Como suportar as casas, os arbustos, as árvores, sob o domínio do inferno?

As notícias asseguram que a realidade segue brutal. O fogo se alastra desafiante, não deixa margem a que se poupe o território onde fui tão feliz. Aquela Galícia cantada em prosa e verso pelos imigrantes instalados em minha pátria. Uma terra a que jurei regressar. E palmilhar suas aldeias, suas urbes, cada vaca que amei e chamei de malhada.

Sei que cada galego fustigado pela dor recorre à memória para não esquecer jamais o que sua paisagem foi antes do fogo agir como se quisesse abolir Galícia para sempre. O coração galego, que se repartiu pelo mundo sem apagar pedaço mínimo de sua memória, chora como eu. Pranteiam perdas na iminência de reconstruir o que foi incinerado. A paisagem galega há de vicejar de novo. Também eu, mesmo de longe, terei o Pé da Mua de volta. Teremos Galícia restaurada das cinzas, grandiosa como sempre.

78. O prazer de pensar

Qual é o lugar propício para uma criatura pensar? Será na casa, justo na hora de dormir? Na rua, em meio à solidão do tráfego? Ou quando se está rigorosamente só, convicto de ser o único a sustentar o peso do mundo nas costas, como um Atlas moderno? Ou, ainda, em meio à multidão, sem saber que direção tomar, na expectativa de enfrentar a crucial realidade? Ou, talvez, de visita a uma igreja, onde Deus, na condição de anfitrião, induz o homem a abandonar as agruras do cotidiano para experimentar, por instantes, o levitar dos anjos, o desprendimento dos santos?

Existirá mesmo uma geografia que aliando beleza e serenidade favoreça a reflexão sobre o enigma humano e sua trajetória na terra? E que facilite o aflorar das ideias, das palavras que puxam outras como uma espécie de purgação? Ou, para de fato refletir, é capital refugiar-se em algum convento, longe da tentação que nos circunda, dar as costas a tudo que diz respeito ao comezinho, ao prático, à sobrevivência, à ambição, ao espírito mercenário?

Acaso estamos fadados a meditar circunscritos apenas à nossa modesta individualidade? Incapazes, pois, de desenvolver pensamentos que, enfeixados entre si, expressam um conceito que cobra um outro, cada qual dizendo respeito à alma cósmica do homem? Como se o fogo do Espírito Santo, vindo em nosso auxílio, nos fizesse crer de forma profunda, consequente. Nos permitisse repartir palavras benfazejas como quem semeia o trigo pela terra, ansioso por alimentar esta indefesa raça humana.

Ou pensar será tarefa apenas de filósofo, de intelectual, de artista, de artífices da palavra e das emoções? Não estando, portanto, ao alcance de todos? Como se tal faculdade não fosse um atributo natural do ser. Uma vez que parece tão penoso formular uma sequência verbal em voz alta, ou em surdina, para dentro de si. Quando se torna cada vez mais difícil deter-se diante do naufrágio da contemporaneidade e perguntar-se, ao menos uma vez, quem sou, o que faço entre as outras criaturas?

Haverá alguma região no planeta que nos emulasse a formular com a mesma gratuidade com que se mastiga o pão? Sob alguma inspirada paisagem será possível divagar sobre temas difusos que nos levem a ancorar em todas as partes, mesmo sem a garantia de um retorno feliz ou de um benefício concreto? Pensar enfim sem lucro, sem finalidade, sem agradar os homens, sem pedir a Deus que nos perdoe por tê-lo ofendido? E fazê-lo como se estivesse sozinho no mundo, sob a ameaça de ser o último de sua raça. Cabendo-lhe, portanto, a agonia de proclamar que existo porque penso.

79. A imigrante

Suspeito que a brasilidade de Clarice Lispector amparava-se no amor à língua portuguesa, que transformou em linguagem, e nos panoramas nordestinos, o litoral ganho à custa do sacrifício dos pais que desembarcaram no Brasil após infindáveis tormentos. Enquanto crescia, encantava-se com o que descobria, e com as demais paisagens que se iam sucedendo ao longo dos anos. Ao regressar ao Rio, após viver no exterior, com frequência enaltecia a beleza da cidade, as praias, os relevos montanhosos, os aspectos que lhe serviam de referência amorosa. E ao instalar-se no Leme após expirar seu exílio, o bairro fazia parte do seu lar.

Falava pouco da imigração familiar, da fuga da Rússia. De como foram eles despojados de bens, da identidade, das memórias, devido aos pogroms sofridos, as perseguições aos judeus. Andança que propiciara Clarice nascer em algum presépio. Finalmente a família, em meio a penúrias e a um futuro incerto, alojou-se na nova pátria.

Ela esquivava-se de rememorar este passado. Eu intuía que tais lembranças doíam-lhe. Conhecia os temores que perseguiam os imigrantes, sempre na expectativa de perder, mesmo sem razão legal, o seu refúgio. Um pouso que só seria deles, eternos apátridas, se convencessem autoridades e vizinhos de uma condição inofensiva, de ser um trabalhador servil às leis que muitas vezes arbitravam contra seus direitos. Exemplo é a Lei Adolfo Gordo, promulgada em São Paulo em torno de 1907, mediante a qual qualquer imigrante poderia ser expulso do país sem julgamento.

A enfermidade da mãe, falecida no Nordeste, deixou-lhe penosas marcas, silenciou-a. Um sofrimento que, somado a tantos, além daqueles advindos da própria alma, acentuaram nela emudecimentos, estranhezas, o sentimento de estar ausente do mundo. Intuía, então, estes vazios próximos da melancolia, mas fugia de sondar seus grotões secretos.

Diferente de Clarice, ser filha da imigração fez-me bem. Conferia-me a certeza de ser universal, apta a bater à porta das civilizações, nenhuma cultura sendo-me vedada. Onde fosse, longe de casa, jamais perderia o Brasil. Ele pertencia-me e liberara-me para desfrutar dos recantos da terra, sem perder qualquer porção sua. Ao viajar em obediência ao ofício de escritora, fazia-o prazerosamente não por desamor ao Brasil, mas pela ânsia de ser Simbad, o aventureiro. O marinheiro dos setes mares.

Clarice repudiava as viagens ao exterior onde vivera anos por razão matrimonial. Fora-lhe penoso afastar-se do Brasil, privar-se dos sentimentos que só a pátria nutria. Enquanto eu, ao morar no estrangeiro, levava o Brasil junto.

Clarice ressentia-se quando apontavam não ser brasileira nata. Em certa entrevista, em que pedira minha presença, um jornalista afirmou em tom arrogante não haver ela nascido no Brasil. Ao perceber sua expressão desgostosa, reagi, disse-lhe que Clarice Lispector era mais brasileira que qualquer um de nós. A língua portuguesa, que ela convertera em arte, garantia-lhe o passaporte de nascença.

Contudo ser imigrante, ou filha da imigração, sempre gerou percalços, desconfianças. Havia que provar ser detentor de uma genealogia cultural, de hábitos provindos das criações do mundo. De ter firmeza de propósito em relação ao país de adoção. E afirmar, como filhos e netos dos que aqui aportaram, que nossos ancestrais não surrupiaram pedaços do Brasil. Antes regalaram a este continente brasileiro descendentes como Clarice e eu, fervorosas amantes da literatura brasileira.

80. A família

A família supre afetos e iras. Além de ofertar pão e teto, ela inscreve-se no vestíbulo e nos salões da arte, como quer ser retratada. A trajetória do filho, qual seja, assegura-lhe a imortalidade. Cá estou eu a falar dela.

Nenhuma história, oral ou escrita, desenrola-se sem seus atributos e malignidade. Ela é tão imperativa quanto o próprio Deus.

Para ela convergem nossas aflições. Da família derivam memórias e sobras que despejam culpas, crimes, as dores do mundo. Basta dizer "era uma vez" para que surja de imediato uma história que tem como protagonista mãe, pai, ancestrais, segredos ignominiosos e bênçãos inesquecíveis. Tudo que reforça um vínculo com os amantes e com o príncipe das trevas ao mesmo tempo. Ou com o gênio da garrafa, com o carrasco ansioso por levar-nos ao patíbulo.

O sangue que me irriga, oriundo da família, é um plasma que assinala quem sou. Está na retaguarda dos meus atos, como quando penso esquecê-los, julgo-os longe de mim. Pois sei que certos hábitos meus levam sobrenome, são comuns a outros membros do mesmo ramo.

Acaso, quando escrevo, cedo à tentação de introduzir em algum personagem traço desta família? Mesmo que disfarce meu relato em terceira pessoa? Um personagem então metade invenção minha e a outra de extração familiar? Ainda que afugente a primeira pessoa capaz de me comprometer?

No entanto qualquer de nós, mesmo tratando-se de Homero, vincula-se a uma inesgotável herança que nos prende aos séculos que existiram. Porque estamos condenados a jamais inaugurar o que seja, mas sim sermos herdeiros de uma genealogia de bárbaros ainda assim construtores de cultura. E daí, o que faço com esta linhagem da qual mesmo sem querer pinço pedaços que me completam?

Será o destino de um escriba singrar a esmo na expectativa de que lhe sobrevenha uma história? E tudo para ser um Poeta que se equilibra sobre as cordas do verbo? A quem sirvo, à família que me aprisiona ou à criação que me enlouquece? À família minha ou à de Príamo, que arriscou a vida a fim de recuperar os despojos do filho Heitor, tombado em combate diante do invencível Aquiles, aquele herói que ao nascer foi mergulhado pela mãe, Tétis, em uma tina cuja água prometia-lhe a imortalidade?

Tétis nada mais fez que agir como minha família, que também acionou uma rede de proteção para todos os seus rebentos, na ânsia de não sucumbirem à febre ou a qualquer epidemia. E não seria dever materno lançar-se às chamas do inferno, ou mesmo vender a alma com a promessa de acionar uma artimanha que salve o filho?

Minha mãe Carmen morreria por mim. Ela mesma confessou e eu acreditei. Sempre disposta a cultivar meu espírito e a santificar-me com a auréola cedida pelo próprio divino, quando viesse de visita à casa.

Assim vejo a família. A minha que se enlaça com a dos demais. A família do Éden, com Abel e Adão dispostos a matar se for o caso. E se mataram entre si.

81. Peito alheio

Peço licença para entrar no coração aflito do leitor. Pousar em suas artérias e recolher, de perto, as evidências doridas e jubilosas de sua pungente humanidade.

Prometo ficar neste coração, estranho lugarejo que palpita, tão parecido a uma cidade povoada por heróis e vilões, só por alguns dias. Não penso incomodá-lo, o tempo apenas de fazer as indagações de costume. Como conhecer seu nome, profissão, lugar de nascimento, que língua fala. Sobretudo surpreender a linguagem que governa os afetos, as mágoas, as iras sagradas.

Estando de visita a esta zona sagrada, empenhar-me em descobrir como o amor aflorou em sua vida. Em que inusitadas circunstâncias acumularam-se tantos segredos e mistérios no curso de uma biografia. E não me descuidar também de seus sonhos. Se eles, em amargo confronto com a realidade, encolhem-se, desaparecem ou simplesmente ressurgem no dia seguinte com a persistência da véspera.

Apraz-me desvendar o que come a família, dona deste coração, ao sentar-se em torno da mesa. Quando, levada pela fome, pela tradição de passar em revista os sentimentos que fatalmente a amalgamam, contabiliza os bens da terra, reclama do excesso de sal, da monotonia do cotidiano. Tudo para saber com que forças conta esta grei humana para levar sobre os ombros, sem jamais esmorecer, a cruz do destino coletivo.

Convém ainda averiguar, por meio de documentos, fotos, cartas de amor e de despedida, estocados nas gavetas, de onde procede este coração, para estar hoje fincado nesta casa. Se veio de algum longínquo rincão brasileiro, que nem está registrado no mapa, ou se herdou sangue estrangeiro, de gente que aqui atracou trazendo entre seus pertences a fantasia cultural que os povos da terra engendraram ao longo de milênios.

De visita a este coração, auscultarei suas apaixonantes ressonâncias magnéticas, remarei pelas suas artérias, que relembram os canais de Veneza. E quando, agastado, burle ele de mim, lhe direi, com humilde cautela, que nasci para pedir esmolas e ternura a quem fosse. Só para receber, em troca, como prêmio, o precioso convite para permanecer naquela vida por mais algumas horas. De modo a ganhar o direito de prorrogar uma estância que parecia no início difícil e que agora, após a decisão de mutuamente nos suportarmos, tornou-se bem mais amena.

Só com a licença alheia arrolarei outras perguntas, que provam meu interesse. Não quero que o coração do vizinho pense que porque o seduzi, ele me é agora indiferente. Sua dor já não me diz respeito e sua humanidade antagoniza a minha. Longe de mim ser uma intrusa que, após ganhar-lhe a confiança, arromba a porta do seu lar.

Mas como provar meu ânimo? Garantir-lhe que outrora servi ao rei Artur, enfileirei-me a seu código? Serviria se lhe oferecesse em troca o meu coração inquieto, sonhador, quase obsoleto, disposto a confessar que de tanto carecer do outro imola-se a cada dia? Rara a semana em que não se expõe à fúria do holocausto. E que aspira assentar praça no coração do outro, acender nele uma fogueira, aquecer-se em meio às suas chamas.

Acaso é pedir muito?

82. O amigo Rubem

Rubem Fonseca tinha o mistério da criação como seu pão diário. Traduzia o mundo que desmoronava em torno e se emocionava. Em sua obra escasseava a piedade, de que tinha nostalgia, para protagonizar as imperfeições humanas. Em seus termos, era um moralista latino, de molde clássico, e padecia, portanto, com o ser que éramos e que não quisera que fôssemos. Sua obra admirável é um brado à natureza secreta do humano.

Enalteço sua teatralidade pessoal, que constituía para mim uma aventura emocionante. Sempre o amei e ele dizia amar-me também, como um pacto de amizade. Sob as bênçãos da inesquecível Théa, sua grande parceira de vida.

Era um cidadão exemplar. Rubem tinha um alto sentido cívico. A injustiça que detectava na sociedade brasileira provocava-lhe ira que encaminhava à sua obra. Nela residia também quem ele era. Como consequência, ao longo da nossa intimidade, ele reclamava, diria que esbravejava com seu ímpeto apaixonado. Uma paixão que me suscitou endereçar-lhe uma pergunta, instada eu pela revista *Playboy*, de como conciliava o arrebato privado, que diz respeito às nossas vidas, com o sentimento público, que afinal emerge na obra de arte como a sua. Portanto de como o homem e o artista Rubem, dramaticamente comprometido com a realidade, fundia estas duas categorias de sentimento de forma a conferir maior densidade ao seu texto. A resposta, ampla e explanatória, encontra-se no bojo da revista. Expressa uma visão nítida dos subterfúgios da arte, que diz o essencial, mas pouco tem a ver com o cotidiano doméstico do artista. Mas economizo o tanto que sei de como administrava seus afetos no trato social. Do quanto amava a família, os amigos, capaz de ofertar na ara das emoções aqueles sentires que fomentavam a sua criação literária, de que nunca renunciou. Pois sabia, de antemão, dominar a exegese do texto, frequentar a sua interioridade, que provinha da desabrida experiência humana. E muito ainda da sua fecunda cultura literária.

Fomos parceiros em várias aventuras cívicas e literárias. A amizade, que começara em 1962, jamais arrefeceu. Tínhamos a noção do quanto valíamos sempre que as mesmas histórias nos enlaçavam, idênticos episódios pousavam nas nossas memórias. Esta substância comum aos dois reforçando o mútuo bem-querer, a confiança que havia entre nós. Assim nos confidenciávamos e nos aventurávamos pelos desafios que o país cobrava dos escritores.

Em plena ditadura militar, com seu livro censurado entre outros autores, e ainda em oposição à violência e aos excessos cometidos pelo regime, demos início à confecção do Manifesto dos Mil, inicialmente projetado em Porto Alegre, que viria a ser o primeiro documento da sociedade civil contra a censura. Uma peça a ser endereçada, em Brasília, ao implacável ministro da Justiça, Armando Falcão. A lavra da petição deveu-se a várias mãos e sua tramitação final concentrou-se no Rio de Janeiro, nas casas dos escritores Cícero Sandroni e José Louzeiro, sob os rigorosos cuidados de Ednalva Tavares. Os nomes mais destacáveis já fazem parte da história oficial. Rubem Fonseca e outros integrantes do grupo reuníamo-nos na casa de Louzeiro para as decisões finais. Na véspera da partida para Brasília, já com os nomes de Lygia Fagundes Telles, Hélio Silva e Jefferson de Andrade designados para a viagem à capital, a voz de Rubem, em nome dos demais, se fez ouvir, ordenando que eu me incorporasse ao trio, revogando assim a decisão anterior de poupar o núcleo conspiratório, como era o meu caso. Expressei estranheza, mas Rubem, Zé Louzeiro, Novaes e demais presentes alegaram ser indispensável que eu fosse, por conciliar certa valentia e diplomacia. E, com seu sorriso sedutor, Rubem passou-me o bilhete aéreo e lá fui eu.

Se a muitos devemos esta odisseia cívica, sem dúvida Rubem Fonseca se destacava. Como em outras peregrinações que íamos empreendendo em favor das causas democráticas. Do mesmo modo a visita ao apartamento do então candidato à presidência Tancredo Neves, perante quem postulamos sólidas reivindicações em prol da cultura.

Destaco a ajuda essencial do amigo Rubem diante da circunstância de eu assumir os cuidados que Clarice Lispector, então ingressada no hospital da Lagoa, requeria. Não julguei então prudente estar sozinha à frente de assuntos financeiros, sempre delicados. Convinha resguardar minha honra. E, em caso como este, eu podia contar com o devotado Rubem. Ainda hoje guardo as provas da nossa ação conjunta em prol da amiga Clarice. Também anos depois, já então arredio ele aos encontros sociais, não se furtou de comparecer ao funeral de minha mãe, Carmen, a quem devotava especial afeto. Não querendo ser observado, chegou discreto com um boné que quase lhe cobria parte do rosto. Diante da amiga inerte, que lhe fazia um "bacalhau à caçadora", pareceu rezar. E abraçou-me com a ternura de que eu carecia naquele momento.

Meu Deus, como tecemos juntos tantos instantes que consolidaram nossa aliança. Silenciei-me sempre sobre o que pertencia ao lar e à alma. Discretos como éramos, ele sabia da minha norma de saber muito porque nada contava do que era da esfera privada.

Levo guardadas no coração tantas experiências vividas entre nós, mas há momentos que evoco e sorrio. Quando ele, nas reuniões sociais, com afiado humor e voz teatral, fazia-se ouvir expondo o que fosse com acertos críticos, arrebatados. O alento vital vinha-lhe como que perpetuasse a condição humana. Nas nossas casas, onde recebíamos para jantar, festejávamos a escrita e o fato de ainda estarmos entre os vivos.

Atraía-me como Rubem Fonseca descrevia o cenário urbano do Rio de Janeiro. Em especial o centro, o feudo do qual emergiam vestígios imperiais, como a cobiça, a luxúria, a força compungida dos sentidos. A matéria que, ao não lhe escassear, surgia impiedosa em sua ficção.

Com que orgulho, como um galgo de rara destreza, ele gastava a sola do sapato pisando os paralelepípedos das velhas artérias. Às vezes cobrava-lhe as confidências e os segredos encrustados naquelas vielas, memórias advindas do Segundo Reinado.

Era generoso comigo. Como parceiros, devíamo-nos lealdade, aquele alento que ajuda o outro a crescer. E o que nos dizíamos sobre nossa respectiva literatura vinha de forma espontânea. Encontrei ao acaso palavras suas que me emocionaram e ouso reproduzir aqui para dar a medida do seu coração nobre:

"'Não consigo comparar a Nélida a ninguém', admite o escritor mineiro Rubem Fonseca, 51 anos, seu amigo desde o início dos anos 60. 'Não há quem escreva como a Nélida. Ela é ela mesma.'"

No dia em que eu concorria a uma vaga na Academia Brasileira de Letras, aguardando o resultado das eleições, ele surgiu em casa sem aviso, queria almoçar comigo. Uma visita a assegurar-me que confiava na vitória. Ficamos juntos até o momento em que segui para o hotel em Copacabana na companhia de minha mãe, para a recepção de praxe que se oferece aos acadêmicos e amigos mesmo quando se perde. Ele me beijou e nos despedimos. E entregou-me o bilhete que quis deixar como registro daquele enlace vivido na Barra e que jamais esqueceríamos.

"Dia 27 de julho de 1989

Daqui a pouco Nélida Piñon será eleita para a Academia Brasileira de Letras. A eleição de Nélida será o início de grandes mudanças na ABL. São 12:50 horas. Estou certo da vitória.

Rubem Fonseca"

Encerro este testemunho amoroso, que é como a amizade fala, com a reprodução de um bilhete escrito por ele em Porto Alegre. Forçado por um gesto repentino que me suscitou profunda emoção:

"Para Nélida Piñon:

Eu te amo.

Assinado

Rubem Fonseca.

Ou também conhecido como José Rubem Fonseca.

Porto Alegre, 29 de outubro de 1976

Rubem Fonseca

Ou

José Rubem Fonseca

Escrito e declarado no jornal *Correio do Povo* na data acima, declaro e dou fé."

Mais de quarenta anos depois, em um almoço íntimo e bem mineiro na casa de Bia e Pedro Corrêa do Lago, ela filha de Rubem, lá estava ele e Alberto Venâncio Filho. Levei então este mesmo bilhete de 1976, e perguntei-lhe: ainda me quer bem, igual ao que consta neste bilhete?

Ele sorriu, olhou o papel ligeiramente amarelado, pegou outra folha onde confirmou seu amor repetidas vezes.

"Rio de Janeiro, 17 de agosto de 2017

Nélida querida

Eu te amo cada vez mais. E gosto de tudo que você escreve.

Somos namorados desde 1973, mas dizem que desde 1976, mas te amo desde que nasci. Cada vez mais.

Rio, 17 de agosto de 2017

Rubem Fonseca

Também conhecido como

José Rubem Fonseca"

Estávamos definitivamente atados pelo verbo, pela mútua descoberta, e pela amizade que jamais se extinguiu. Nem agora que ele partiu para sempre. E cabe-me dizer-lhe:

Eu te amo, Rubem. Foi um privilégio conhecê-lo.

83. Vim de longe

A gênese galega diz quem sou. Supriu-me, junto com o Brasil, com uma imaginação andarilha que me permitiu cruzar civilizações e bater à porta da caverna de Altamira. E sob os signos de um primitivismo camponês, de que sou devedora, desconfiei sempre dos potentados, dos governantes arrogantes, das coisas vãs. Desconfio mesmo que algum ancestral galego, Deus sabe por quê, em visita ao Hades, banhou-se nas águas do rio Lete, com o risco de esquecer as vidas passadas. Eu, porém, tenho uma memória que ainda não se oxidou, preserva intactas as agruras humanas, os pedaços preciosos que assinalam minha passagem pela terra, enquanto intensificam minha brasilidade.

Desde o berço convivi com os galegos. São sóbrios, com uma sensibilidade lírica e rústica ao mesmo tempo. Desfrutei de uma intimidade que não comportava lamúrias, ou expunha aquelas zonas obscuras que infernizam a alma. A minha própria mãe, bafejada pelo sopro regenerador de rara inteireza moral, reservava-se, mas enaltecia com ardor o amor pela filha. Eles, no entanto, em geral, no conjunto ou individualmente, eximiam-se de ostentar falsa noção de sacrifício. Nos próprios avós vi no rosto a silhueta de uma manjedoura que seria a representação tangível de uma pátria cujos valores faziam transcender durante as refeições.

Galícia, porém, generosa, ungiu-me com arquiteturas imaginárias, com nomes mágicos de suas aldeias e urbes. Espaços que espargiram sentenças e fantasias às vésperas de eu ser escritora. E que, ao me fertilizarem, permitiram que eu transferisse para o tablado dos enigmas brasileiros os personagens universais que reverberavam segundo meu comando.

No curso da história porfiei figuras seculares. Gelmirez, Urraca, Mateos, galegos enlaçados, por força de minha audácia, com os porcos louros parecidos com Teseu. Igualmente com o Pé da Mua, monte insignificante que julguei ser o Annapurna. Urraca, a rainha, com alma enlutada, como se tivesse sido soterrada em Micenas, ao lado de Agamenon.

84. A avó amada

A fala da avó era discreta. Suspeito que falava mais com Deus do que com os homens. Era sem dúvida seu interlocutor favorito. Igual a Eulália, personagem do meu romance *A república dos sonhos*. Um nome que cobrava o amor que lhe devíamos. Amada. Avó Amada.

Ouvia atenta as histórias que circulavam pela casa da rua Dona Maria. Como que as cotejando com as que trouxera de Galícia, ao decidir seguir Daniel na sua aventura amorosa. Mas lembro-me de ter dito que era bem possível para o humano conjugar a perfeição atribuída a Deus com os avassaladores limites da nossa humanidade. Isto porque, ainda segundo sua crença, tocava-nos engendrar o esboço de Deus, o modelo que sua bondade nos inspirava. Seria acaso uma concepção ingênua da vida, afinada no entanto com a realidade dura que vivera certamente nos primeiros anos da América? E que lhe dera coragem para parir filhos, para esquecer o mundo mais suave e harmônico que deixara em Cotobade? Tudo por dever conjugal?

Talvez devido à avó Amada nunca me doeu pensar em Deus. Ele não me importunava com a tristeza que certamente sentia por conta do nosso opróbrio. Ao contrário, compungida com a solidão cósmica deste Deus, deixei meus pertences sob a guarda da sua sombra e aceitei os vizinhos ingratos, aprendi a medir as dimensões de tempo e espaço às quais estávamos cingidos. A provar igualmente do sal das lágrimas que exaurem nosso destino. A enveredar por um caminho que me ajudava a compreender o quanto Ele, ao decretar o fracasso da sintaxe humana, deixara de ser parte do meu discurso confessional.

Tenho Amada na memória. Ela ajuda-me a considerar a vida um regalo valioso. A dissolver, portanto, os nós da iconoclastia que algumas vezes avizinhou-se do meu espírito. Mesmo sem detalhar, ensinou-me o drama do livre-arbítrio, as ilusões que exorbitando dos seus limites feriam os códigos ditados pelo meu humanismo.

85. O meu Rio

Desde menina associei-me ao arcaico, ao mistério incrustado nos labirintos das ruas de qualquer cidade, em especial o Rio de Janeiro. As cidades pareciam-me uma desordenada invenção dos refugiados e dos famintos que se aglomeravam na ânsia de se protegerem. Estavam todos na iminência da morte, dos assaltos e das crueldades desmedidas.

Mas o Rio era a minha urbe, não devia trair-me. Eu conhecia muitas das suas entradas e saídas, assim como vielas, comércio, sobretudo restaurantes, levada pelos avós Daniel e Amada. Também frequentava a Cinelândia, perto da aula de inglês dada pela professora Mrs. Alice.

Andei muitas vezes sozinha levada pelo vento da liberdade, enveredando por rotas, sem indicações nítidas. Minha mãe queria me pôr à prova, alertava-me dos perigos, dizia que nem ela podia salvar-me, ainda que desse a vida por mim.

Contudo, o Rio é um burgo que a despeito do sol e das praias nem sempre me orienta, diz onde estou. Umas ruelas nas quais me movo com a euforia advinda do prazer do corpo, do carnaval, do cancioneiro popular. E ainda das cocadas e empadas vendidas nos tabuleiros das baianas antigas.

Nunca cheguei a dominar o mapa carioca como Rubem Fonseca, que se orgulhava de como um galgo aos pulos haver pisado cada paralelepípedo de cada calçada, gastando sola de sapato naquele centro por onde o pecado aguardava os errantes.

O casco urbano do Rio de Janeiro não acata exegeses e burla ironicamente das teorias. Seus atalhos, tanto no centro, na rua do Ouvidor, no fascinante subúrbio de Madureira, quanto na favela da Maré, facilitam que os habitantes, por exemplo, aglomerados, ergam o copo de cerveja gelada à guisa de brinde.

A paisagem, contudo, abstrai a todos. Não estimula que pedantes especialistas propaguem suas teorias perniciosas como versão única do território do Rio de Janeiro. Ou que imponham ao povo o que é a realidade. Assim agindo estes próceres, como feitores da terra, desde a fundação da mítica pólis.

86. Cassandra

A cidade me questiona com frequência, a despeito de sua acelerada modernidade. Suscita-me a indagar se ainda subsiste no velho centro do Rio a arte da decifração, como quando no passado, acompanhada de amigos, consultei cartomantes. Recorre-se ao oráculo de Delfos? Em algum subúrbio, dona Nadir, que decifrava Clarice, recebe os consulentes como se fora Cascas, Cassandra, Tirésias moderna? Segue sendo ela réplica dos adivinhos que vaticinaram para reis e heróis os ponteiros do futuro, e ninguém os prescindia?

As previsões, no Rio de Janeiro, se fazem na praia e nos bares. Cada qual, com ar embusteiro, opina sobre o futuro, confiante de ser parte das profecias da boa fortuna.

Pessoalmente não tenho a quem recorrer. Exceto à "pombinha" do Espírito Santo que ganhei e me protege. Não a sobrecarrego de pedidos, não lhe solicito favores vãos. Este ser alado se antecipa, intui o que preciso para prolongar meus dias. Mas confesso que aprecio viver sem ataduras míticas.

E a verruga no dedo tem poder de pressentir os avisos da vida? Acaso Cassandra na iminência de morrer em Micenas, arrastada por Menelau, se submeteria aos seus presságios?

87. Antiguidade

Sempre suspeitei que a profusão das culturas obrigava-me a conhecer ao menos algumas delas. Mesmo uma albergada em uma casinha de sapé do sertão brasileiro. Desta forma eu me aproximaria ainda que sub-repticiamente do meu ser, todo ele infiltrado de mistérios.

Também conviria reconhecer que as línguas que os outros povos falavam me diziam respeito. Mesmo que não as entendesse. Não fazia diferença falar um idioma estrangeiro desde que seus sons, como música, me emocionassem, afirmassem cada fonema que havia sido inventado pela urgência humana de salvar-se, designar os sentires e os objetos que faziam falta. O amor e as panelas querendo dizer a mesma coisa.

A cultura de cada qual é um assombro. Certa funcionária que tive na Barra deixou-me perplexa. Tinha um domínio linguístico que não era canônico, sobrevinha sua frase de uma região ignota, talvez mesmo da caverna. Via nesta jovem nordestina um poder magnífico de inventar tudo que ignorava. Decerto conhecia mais do que eu, que pretendia saber tanto. Eu lhe cobrava a fala, que me dissesse como via o mundo. E como o enfeitava de uma riqueza que os escribas cultos não tinham. Sofri quando ela partiu, fugindo do namorado que a espancava e a queria matar. Meu Deus, como a sua terna ignorância impregnou-me com a ciência de que a incultura é tão culta quanto a erudição.

Não aceito a supremacia dos sábios que inflam a cultura com um cerco de arame farpado. Não, não aprovo. Mas sei também que há um compêndio recôndito acumulativo a serviço do bem, das conquistas humanas. Dos que recrudesciam as chamas do fogo com seus racontos. Eis a sopa de todos os escombros. Não somos soberanos no que sabemos. É forçoso atravessar todos os séculos para se aproximar da nossa história. Costumo dizer que, para ser moderno, há que ser arcaico. Como saber quem sou sem bater às portas de Homero?

Ao me declarar hoje firmemente arcaica e contemporânea, apenas insinuo meu caráter transitório e precário enquanto indivíduo e escritora. Retomo modestamente gestos abandonados há milênios, restauro seus tecidos, reconstruo e articulo as palavras, oriundas do léxico da língua, há séculos, com elas travando a batalha que a própria desenvoltura da sintaxe nos inspira.

O caos nos ajuda a pensar.

88. O primado da arte

O primado da arte repousa na interpretação radical do mundo. Com livre trânsito, ir pelos corredores dos enigmas, ainda que tendo a cegueira como guia. Capaz então de afugentar os empecilhos, as armadilhas.

Um estatuto cujos pilares, de carne e osso, identificam a existência sob o comando do caos que, em si mesmo, em seu magnífico imbróglio, nada exclui das zonas tenebrosas, do que ainda não ganhou luz.

Ao lidar com a arte, admito minha desordem interior. Um universo por onde trafego com gosto e não naufrago. No qual estão os veios de que se originam o verbo e a minha astúcia desesperada. Um lugar que permite vicejar a minha destemida matéria ficcional, decerto uma substância mortífera que envolve a vida alheia. Quando poderia me tocar, às vezes, ordenar a morte como se fosse ela a única salvação. Talvez devotar-me à estranha construção literária que cobra o pleno exercício da liberdade.

Como os demais, sou quem no afã de cumprir os deveres do ofício acumula uma casa abarrotada, um casebre apinhado de miséria, uma manjedoura onde nenhum Cristo nasceu. Um repositório de desordens e desesperanças que se entrega à minha volúpia sem piedade. Em tudo paira a paixão que, embora me envenene, dita o texto a nascer, as palavras que me fogem. Devido talvez a um selvagem instinto narrativo que se recusa a absolver meus pecados de artista.

A arte porém permeia a realidade como seja. Traz em seu bojo sobras e os restos sublimes que perturbaram a audição de Beethoven, o surdo que ouvia o comando de Deus.

Foi sempre assim. Aquilo de que a arte carece lhe é dado. Pelos escravos, pelos miseráveis, pelos caminhantes sem rumo e sem teto. Pelos goliardos da poesia. Pelos imigrantes, como eu. Habituada esta mesma arte a sofrer pilhagens, enquanto em nome dos demais protege manuscritos, impede a queima de livros. Mesmo os que ainda não foram escritos.

E onde se refugia a criação? A que é espúria, antes de ser erguida nas catedrais góticas? Só assim, aliás, se alcança a substância humana, o firmamento dos malditos criadores. Os que resistiram ao expurgo dos senhores da terra que aboliram construções com ânsias de eternidade. Como se pudessem expulsar a essência dramática da humanidade. Esquecidos que o caos abona os fundamentos da arte.

89. A intuição

A intuição é um farol. Ilumina os pedregulhos do caminho, é a ponta de lança do conhecimento. O conhecimento é sempre defasado, o que se sabe é antigo, requer ser atualizado, revigorar-se. Enquanto a intuição, que surge de forma inesperada, como se viesse do nada, expressa os saberes acumulados de que nem se dá conta. Uma cultura aparentemente anticanônica, não institucionalizada, mas que amealhou a poeira do tempo. O que está dentro e se empurra para fora, ignorando que através desse ato revela-se talvez o mais primoroso da consciência ou da inconsciência.

Nesse transcurso sigiloso há uma substância que reverbera, capaz de expor tudo que se acomoda no seu interior, na iminência de aflorar à vista de todos.

O que nasce da intuição requer cautela ao repassar seus fundamentos. Como filtrar o conceito, porém sabendo que prevalece o enigma da arte que não pode, em qualquer circunstância, ser alijado do texto, mas antes incorporado a ele. Isso porque as frases têm um rosto. Há que desvendá-lo, levar em conta as necessidades estéticas de cada sentença, e jamais a contrafação das suas feições.

Atrevo-me a confessar que guardo no coração certa frase do capítulo 31 de *Vozes do deserto*, que dispensa ser refeita, pois me define:

"Scherezade sabe-se instrumento da sua raça. Deus lhe concedera a colheita das palavras, que são o seu trigo."

90. A aldeia do pai

Tropeçava nas pedras de Borela, de São Lourenço, paisagens afetivas que me ajudaram a crescer, enquanto preenchia as folhas com o que tinha sentido, inventariava o que havia em torno. A singeleza do meu cotidiano era a matéria-prima. Fortalecida pela imaginação, que tinha tais alaridos que jamais apaziguavam meu coração de menina. Dessa maneira ia sendo o convívio com as palavras, benditas e malditas. Oriundas de um terreno aurífero, onde se escondiam pepitas de ouro.

Contudo, nada era inoportuno no ato de criar, nem havia lógica no desvario do meu ser poético. Deliberadamente combatia o que parecia perfeito para minha idade. Queria desafiar o verbo para ele, uma vez transcrito, me deixar em paz. Afinal não se quer da arte que nos apazigue, esqueça o que estamos em vias de criar?

À época não sabia o que me fazia escritora. Também não entendia o corpo sob os efeitos do desejo. Tendo que aprender, sob a vigília de uma realidade sempre inóspita, as leis da narrativa e as da anatomia que se incendiava. Estranho enlace entre arte e a carne que revogava os mandamentos que me castigavam, com o intuito de ganhar novo sentido da minha medida humana.

Ao fabricar, no entanto, novas páginas, lutava por crer nas pulsações que me sujeitavam nascidas de zonas ignotas. Quem sabe dos amores que vinham e se evaporavam velozes. Se eu era frágil, os demais também o eram. O mundo quebrava-se à minha frente para eu entender a tempestade histórica que viera de tempos arcaicos. Enquanto não abdicava da fúria da escrita e do paroxismo da paixão, ambos regidos pela minha vontade. Eu criando e destruindo o que criava. Que emoção infernal. E sentir ser um livro vivo que transcrevia um enredo incompatível com meu ser real. Éramos dois seres atentos à aprendizagem humana. Empenhados em recolher dos escombros a substância sujeita a um sempre renovado rito de iniciação.

Olhava o horizonte ficcional, que me parecia inicialmente espúrio, que só o arcabouço da arte poderia filtrar mediante acordos pactados com uma realidade sem eu ao menos compulsá-la.

Eis-me auscultando o processo criativo de um escritor, que talvez seja o meu. Um fenômeno criativo que, sob o jugo do mistério que equivale ao amor, independe muitas vezes dos saberes que a obra de arte cobra.

91. As histórias

A fonte das histórias reside na vida, nos enigmas, no saber, na intensa curiosidade, na atenção posta no humano e nas tarefas produzidas pela nossa longa e dramática civilização.

Somos todos, por princípio, filhos da fabulação. Sem a arte de inventar, não fabricamos memórias, emoções, tortas de chocolate. Onde o homem está, o que assoma nele é a sua bússola, que lhe permite criar mundos e povoá-los com personagens. Portanto, imaginar afina-se com quem somos, com a versão que guardamos do drama, da comédia, da tragédia.

O destino desta invenção é encaminhar-se para a revolução do texto. É pôr-se a serviço de um autor capaz de entender de que material dispõe para fertilizar a floresta, encharcá-la de miasmas, pântanos, arbustos, animais recém-saídos do paraíso.

O dicionário *Aurélio*, farto no registro de acepções, contempla a palavra ilusão com sonho, devaneio, falsa aparência. O engano dos sentidos ou da mente, que faz com que se tome uma coisa por outra, que se interprete erroneamente. Ainda logro, burla, engano. Coisa efêmera. Menciona ilusionismo, o ilusório. Uma sequência, enfim, de ilusões que coordenam as quimeras humanas.

A arte literária, por sua vez, na esteira destas acepções, não foge dos postulados ilusórios. Em todas as suas instâncias fundamentalmente convive com a esperança da ilusão. Isto é, com a capacidade da narrativa de absorver e aceitar as ilusões provenientes do mundo e dos sentimentos — como fundamento básico para a existência da própria obra de arte.

A vida novelesca tem o ilusório, por conseguinte, como pilar No seu percurso aplicando-se variados recursos estéticos pertinentes à arte de fingir, de forjar um mundo fora de si mesmo.

Mas para que as histórias servem? Além de falarem do amor e nos intrigarem uns com os outros? E proporem duelos de morte que dão vida à vida?

92. A criação

Criar é inquietante. É tirar os pés do chão e pensar que está dotado de asas. Um Pégaso presunçoso fadado ao fracasso. De que natureza seja. Como parir um ser mortal ou engendrar o escopo da arte. Uma dor no coração, no baço, no ventre, nestes órgãos que propagam vida, mas mal conheço onde estão no corpo.

O conjunto humano, circundado pela realidade, é propício a criar. No meu caso a dizer e repetir mil vezes a palavra que instila veneno e ilusão à arte. Semear sua duvidosa e instável colheita pela geografia da terra e dos mares, pelo futuro que talvez não surja. Ainda assim persigo com temido fervor a arte de narrar, que é de ilimitadas atribuições. Aquela aventura à qual me lanço ao sabor de uma fé que arrebata o próprio talento nem sempre confiável. Contudo, com os instrumentos de que disponho, confio no sentimento da língua colado aos domínios do meu ser. Equivalente ao grau de calor que se desprende da temperatura da linguagem para se expressar.

Não sei exatamente quando me golpeou o sôfrego coração da arte. Isto é, quando padeci de um mal-estar que se traduzia em palavras e verbos. Suspeito que no afã de começar a criar, bati em todas as portas, visitei os corações vizinhos, a cercania do mundo. Talvez levada ora pelo espanto, pela emoção, ora pelo desejo de desvendar o que havia dentro do caramujo. Em todos estes anos, cravejados de ilusões, fui uma memória proteica, que se multiplicava, a ponto tal que já não sei como administrar meus excessos. Sei tanto que dou volta ao globo algumas vezes como se fosse os grandes navegantes do passado.

E daí, é memória ou invenção em estado desalmado. Mas querendo ser ao mesmo tempo diante do espelho do olhar alheio mulher, homem, bicho, mineral, vegetal, no esforço de arrancar os véus da Salomé ansiosa por me matar, enquanto eu queria privá-la do enigma com o qual seduzia os incautos.

93. *Uma furtiva lágrima*

O livro *Uma furtiva lágrima* reluz um repertório que espelha porções e sobras de minha vida. Em sua configuração narrativa alio-me aos demais vizinhos. Avalio a febre dos sentimentos em confronto com nosso coração em frangalhos. Esta região ardilosa com a qual se compõe a psique humana, enquanto o eco do verbo diz quem somos diante de malévolas pautas.

Reconheço-me em suas páginas. A serenidade e os soluços que afloram, meus e dos contemporâneos, induzem-me a falar pelos demais. Isto porque nada sei sem o próximo. Ciente de que esta primeira pessoa chamada Nélida, embora faustosa, bem sabe que o predomínio do eu pode ser disperso, fugaz. Ostenta sem mais um protagonismo falso e custoso, propenso a assumir uma urdidura que dilacera a própria carne. Esta autoria, no entanto, no caso do livro, foi inevitável, tornou-se o único modo de narrar. De ver quem sou, quem não sou.

Em momentos cedia a reduções psíquicas impostas pela criação, em outros instantes expandia-me para ter acesso aos acertos íntimos da arte que requeria a presença, mesmo invisível, de uma legião de intérpretes dispostos a participar, por meu intermédio, do festim da vida. Afinal, em geral, me precederam nos séculos, eram inventores do logos. Com suas existências eles, gregos, etruscos, hebreus, largaram na minha consciência brasileira o legado de seus corpos caminhantes, suas algaravias verbais. Também me doaram artefatos enferrujados com os quais dilaceravam, em suas tendas, as vísceras dos animais abatidos.

A sentença de morte que recebi em dezembro de 2015 aprimorou meu instinto narrativo em iminente despedida. Aprofundou o nível da memória, das reminiscências que apontavam, impiedosas, o que eu fizera com o tempo que me fora dado pelo deus monoteísta e por aqueles deuses surgidos do terror que a noção do caos provocava nos humanos.

Expus o palimpsesto da alma convertida em narrativa nesse livro, sob o alento de estar sujeita ao domínio de um ofício que gerava fé no curso da vida. Morreria por ele, enquanto ele, em troca, se encarregaria de me salvar.

94. A presidência da ABL

A ABL organizou-se ao longo de quase um século para guardar e preservar as virtudes masculinas. Ali se concentrou um vasto repertório, blindado contra a presença feminina. Dando seguidas provas públicas de a escrita da mulher não se credenciar para ocupar seus gloriosos escaninhos. Seus livros, embora publicados, não mereciam resguardo institucional. Como consequência, a Academia Brasileira de Letras recusou sufragar uma única intelectual para ocupar uma cadeira. Interditou as que aspiraram ao ingresso em suas hostes. Já em tempos mais modernos, o pretexto usado apontava que o estatuto apenas assegurava a brasileiros o ingresso à Casa. Tal designação abrangendo unicamente a figura masculina. A mulher, portanto, destituída de personalidade cívica, de várias prerrogativas, entre elas o direito de votar, que adveio em 1932, graças a Getúlio Vargas, não fazia parte do coletivo brasileiro.

O ingresso de Rachel de Queiroz na ABL, em 1977, ensejou que outras a sucedessem, então incluindo-me em 1989, mas em percentagem moderada. Até ser eu eleita, em dezembro de 1996, para uma presidência que coincidiu com a comemoração do I Centenário da sua fundação, momento áureo da instituição.

Coube-me um duplo exercício. A presidência comum e a presidência do Centenário, que demandou amplos festejos, discursos, atos públicos, inaugurações, a renovação do seu espírito.

Havia que conciliar ambas as funções. Fazer com que o Brasil se desse conta do significado simbólico desta instituição no imaginário brasileiro. Julguei sempre que o país, em sua ânsia civilizatória, galgara expressiva ascensão cultural com a fundação da Academia Brasileira de Letras em 20 de julho de 1897, com o aval de Machado de Assis e de Joaquim Nabuco, que impulsionaram, junto a outros, seus pilares iniciais nos moldes da Academia Francesa. O país, com tal feito, superava, ainda que parcialmente, seus confinamentos culturais, sua posição periférica, para credenciar-se a um patamar universal.

Na presidência, abrimos a Casa para a sociedade por meio de inúmeras iniciativas culturais, tais como a implantação do Centro de Memória, os ciclos de palestras nacionais e internacionais, recitais de música popular e erudita, publicações. Em destaque o programa Visita Guiada, um sucesso ainda em 2022, após 26 anos, quando estudantes e público em geral visitam as dependências da instituição guiados por atores, cantores, especialistas, que detalham a trajetória histórica da instituição.

Nesse período, pautou-me o propósito de fazer o Centenário gravitar em torno da língua portuguesa, que é atributo máximo nosso, além da literatura nacional. Carecia rastrear o idioma através da convocação de intelectuais e líderes procedentes dos países lusófonos, ao longo de sua genealogia, como o galego. A celebração culminou no dia 20 de julho de 1997, em uma solene cerimônia com a presença do presidente Fernando Henrique Cardoso, dos presidentes da Câmara e do Senado, das autoridades brasileiras e estrangeiras, como o presidente Manuel Fraga, da Galícia, o primeiro-ministro de Portugal, António Guterres, o ex-presidente português Mário Soares e chanceleres dos países lusófonos. Além dos presidentes das Academias europeias e latino-americanas.

Meu mandato, embora curto, e não aceitei renová-lo, provou ser a mulher capaz de assumir tantas e difíceis responsabilidades. De representar a instituição em que plano e circunstância fossem, como discursando no Senado, na Câmara, e em todos os púlpitos do país, assumindo assim obrigações inerentes ao cargo.

No exercício presidencial, cresci como pessoa. Aperfeiçoei meu entendimento do país a partir de suas raízes tão complexas. De seus interstícios secretos, de seus cipoais étnicos e linguísticos, da evolução mestiça da sua psique, das suas sensibilidades sociais. Pareceu-me haver apagado da memória afetiva a frase "sou uma brasileira recente", que pronunciei ao tomar posse na cadeira 30 da ABL em 3 de maio de 1990. Deixei para trás esta convicção para assumir outra em seu lugar: sou uma brasileira de todos os séculos.

95. A imaginação

Minha imaginação é desabrida, padece de um ardor que recrudesce quando se põe a meu serviço. Sinto febre, ânsia de deixar a casa, de lançar-me ao pé do abismo. E nem sei por quê, o que encontraria em suas funduras?

Graças ao que invento, viajo, monto no ginete do rei, viro Pégaso. Sou sólido e líquido, para me ajustar a um jarro de flores. Exorto o mundo a relegar sua modorra para um segundo plano, a renunciar à violência. Não agrilhoem mais o corpo alheio. Sigo inventando um estatuto que aprimore as estruturas da minha alma e a do vizinho. Muitas vezes protestei pela ingerência da imaginação na minha vida. Esta intrusa que me molesta, mas me exalta. E que quando falha provoca meu desespero, como viver sem ela. Imploro, pois, sua presença, que aceite minhas súplicas. Se preciso for, eu a suborno com regalias, prendas. Estou disposta a pagar o preço que seja por seu desvelo, por seus delírios.

O fato é que a imaginação, que nome tenha, eterniza-me. Por meio desta ampulheta mergulho nas águas da memória, persigo os signos da minha origem. Testo sentimentos e o ardor da paixão, estes traços meus inscritos no pergaminho familiar. Minhas pulsações sigilosas, meus flagelos.

96. As amarras

Sonho libertar-me das amarras. Invento e engendro uma nova realidade. Indago de repente o que motivou os avós e o pai a se entregarem à América. Qual seria o grau altissonante do engenho da minha gente. Uma vez que sem estes desvarios não há o atrevimento que se contrapõe ao realismo que acorrenta nossas vidas.

Nunca perguntei a eles por que abandonaram suas aldeias, seus pertences. As vacas, os porcos e as espigas de milho. Contudo, toda explicação que eles me dessem reduziria a importância de uma resposta que não existe. Os devaneios humanos se estilhaçam quando ganham a racionalidade.

Esta gente da qual me origino semeou por meio dos filhos a imaginação que podia. Isto é, o espírito de aventura ao alcance deles, e que renovaram ao desembarcar na praça Mauá, dando início à coleta de moedas que lhes assegurassem o pão.

Aqui estou a misturar temas sob um impacto poético que minha origem suscita. Até onde serei capaz de inventar para fazer frente aos meus ancestrais? Para simular que eu sou eles, dou-lhes continuidade. Assumo ser imigrante e como eles exilada na rua em que moro, na cidade que me acolhe e nos sonhos que ouso sonhar.

97. O jubileu

Vivo no Rio de Janeiro e tenho o Atlântico à altura do braço. Com o oceano ao alcance, às vezes fantasio que estou à beira de todas as civilizações que venceram as correntes alísias para atracar no Brasil.

Desde menina, por orientação da mãe, Carmen, julgava fácil chegar à Espanha, terra dos ancestrais, desde que soubesse nadar, e desembarcar em Vigo ou no rio Guadalquivir, onde no passado imponentes cavalos de crinas eriçadas, montados por pomposos cavaleiros acompanhados de escudeiros, aguardavam que Hernán Cortés lhes comunicasse que a América, recém-descoberta, já lhes pertencia. Um fato, porém, contrariado pelos ventos e pelas correntes marítimas, que levaram as embarcações até Baiona, Galícia.

Desta cidade brasileira luto por ser provinciana e cosmopolita, que é a conjunção ideal de se estar no mundo, de acompanhar as peripécias coletivas, de identificar que feitos humanos celebramos para ressuscitar nossos mortos. Ou destronar um rei. Ou o jubileu de um santo.

Tudo que é de elevada serventia, e se acomoda no casulo da vida, merece encômios, que decifremos seu mistério, ainda que consumamos o tempo. Mas a cada dia averiguo os efeitos das nossas contradições. O esforço de fundirmos o que é estético e o que é puramente passional, como se a arte fosse capaz de absorver quem somos, nossa integridade.

Por qualquer razão sinto-me tentada a proclamar minha crença em certos mandamentos culturais. Confesso que a arte nunca peca. Desde tempos imemoriais sua moral bordejou o abismo sob a voragem da linguagem, e saiu ilesa. Voltada para desgovernar os preceitos sociais, para insurgir contra os estatutos autoritários e restritivos que a perseguem. Pois ela não aceita que lhe domem as paixões inerentes à sua natureza intrínseca, ou que a impeçam de navegar pelos mares bravios da imaginação.

Meu estatuto, porém, cinge-se à escrita. Julgo-a pátria minha. Grassou em mim desde sempre. De construção mental a serviço do entendimento humano, a narrativa explica-me os momentos constitutivos de uma trajetória civilizatória que bem pode se concentrar, e ser traduzida, em um simples papiro imerso nas trevas dos milênios.

98. Minha imperícia

Respondo pela minha imprudência. Mas lamento. Toca-me contudo o destemor de retificar a escritura em que estágio esteja, em desbaratar a palavra.

É da minha índole moral valorizar a arte que acrescenta ao mural narrativo o que antes não existia. E prossegue até o epílogo que decreta a versão derradeira.

Assim foi sempre comigo. Sabendo que o ímpeto da criação não educa nem me doma. Mas oferta-me de repente uma estética cujas emendas piedosas eu aceite em prol da epifania do meu texto.

99. O dom da astúcia

Volta e meia menciono a imaginação como sendo tão astuta quanto Ulisses. Presa ao que é recôndito e revela-se como um sortilégio. Uma versão insaciável da vida. Não havia, pois, quem lhe corrigisse a rota. Ninguém que a apaziguasse, a impedisse de inventar o mundo, de simular situações inusitadas, de invadir o passado como se fora o presente.

Atribuo a semelhante artimanha uma voracidade sem fim. Nada lhe é suficiente. Como tal cobra-nos devoção, que recorramos a ela já ao despertar. E está certa. Eu própria não vivo sem esse tesouro, invoco seus recursos a qualquer pretexto. Sou retribuída com abundância, esta imaginação tendo se tornado para mim o melhor fruto da terra, povoa-me com o sal da emoção, com o gozo do corpo vizinho mesmo sem o ter no leito. À custa sua faço declarações de amor, envio flores, afugento o inimigo, saboreio iguarias, viajo pelo deserto de Gobi, imagino-me um Matusalém que há de acompanhar as peripécias da humanidade como se fora eterna. E o que mais engendro em seu nome, só porque pedi-lhe a capacidade de inventar. Um dom que persisto em reter porque a imaginação me propiciou estas vantagens. Assim sigo sussurrando, blasfemando, discursando, praticando o que seja, que me alce ao cume do monte Sinai para de novo conversar com Deus, mesmo sob o risco que me imponha outra vez as suas Tábuas Sagradas. Mas a imaginação segue bafejando-me com sua sorte, que é o prêmio que sela meu destino. Esta fabulação sua que jamais me devora, antes é o meu aconchego.

100. Sou romancista

Sou romancista. Enfrento, indômita, os dissabores encantatórios do meu ofício. Submeto-me à massa verbal que implica a fatura de um romance sobrecarregado de insondáveis conflitos.

Como consequência, padeço das turbulências da linguagem e das emoções que afloram à medida que avanço nas contradições do texto. Pesam-me, portanto, as pressões temporais e espaciais, a carga das identidades contidas na psique ancestral, sempre atuante, e ainda as realidades superpostas.

Como mera criadora de uma obra que aspira tão somente a atingir a cercania da plenitude, predisponho-me a desencadear a urdidura e o caos narrativo, que é o destino da arte.

Como autora de *A república dos sonhos*, potencializei as peripécias humanas concentradas no desfecho de uma história que carecia ser contada. Ciente de que o abandono da experiência pessoal empobreceria o impacto do relato.

Confrontada com a insidiosa natureza do romance, padeci de uma vertigem que acompanhava o curso da criação, enquanto realçava os recursos inerentes à linguagem.

Era, porém, forçoso confinar-me aos limites do enredo, com o propósito de forjar personagens e cenas que se moviam em torno de dramático universo, em total desrespeito à noção primária da lógica que antagoniza a estética.

Contudo, Madruga, personagem central, e demais parceiros, previamente condenados pelos efeitos abolicionistas da criação literária, cediam-me seus corpos para fazer deles arquétipos, réplicas do contingente humano. Uma carne que eu modelava com expressões comuns à humanidade. De antemão sabendo que *A república dos sonhos*, entidade literária há muito buscada, devorou-me antes mesmo de ganhar existência. E que, ao dar-lhe início, forçou-me a viver sob sua guarda, compensando-me com as imperativas prerrogativas da sua arquitetura assimétrica e instigante.

Foi o que aliás quis. Um romance cingido firmemente com as irregularidades humanas, resistente a fazer concessões que ferissem o seu arcabouço moral e estético. Daí que a cada dia o livro surgisse potente, a cobrar uma estratégia assentada intrinsecamente sobre matéria turbulenta, própria da obra de arte contrária a uma coerência acomodada.

Tudo que sei agora é que me empenhei em decifrar a arte romanesca. Travei a batalha e ignoro se perdi ou ganhei.

101. Anchieta, o senhor da língua geral

Anchieta está vivo em mim. Deu o primeiro alento à poesia da nossa mata. Era franzino quando aqui chegou, mas resistiu as intempéries da terra nova. Invejo o Brasil que ele conheceu primeiro que eu. Seus olhos de canário, de homem insular, inauguraram minha pátria. Um Brasil que não tenho hoje presente. Uma herança que ele não me legou. Não posso ter a ciência que me deixe saber quem fomos no passado, ou quem deixamos de ser.

Penso nele jovem, levado pela fé a seguir com rigor as normas expeditas pela ordem dos jesuítas, após o Concílio de Trento. A perambular pela floresta, servia à colônia com o fulgor de um intelectual que dominava o tupi-guarani, a ponto até de ter escrito a primeira gramática desta língua.

À sua condição de poeta de fina voluta verbal, adicionara à sua cultura um sabor renascentista. Assim, mal chegado às novas terras, Anchieta injetou no imaginário brasileiro uma noção estética original.

Até hoje tido como o primeiro escritor brasileiro, este espanhol, que estudou em Coimbra, ele incute nos índios a seu encargo a poética do simulacro. Promove entre eles, a pretexto do cristianismo, espetáculos teatrais rústicos, de precária imitação. Através de singelos artifícios, empenha-se por criar um mundo aplaudido por seu Deus, para tanto apropriando-se da ilusão como tema. E enquanto mistura seus autos com enredos bíblicos e romanos, tenta familiarizar os ouvintes com fragmentos da história universal. Implanta no substrato dos primeiros brasileiros a estética da carência e da magia, uma vocação antirrealista predisposta a valorizar o cotidiano em si tão desvalido. De tal combinação, mediante este jogo de representação, vai se forjando um imaginário que, abastecido de fabulação, elabora no porvir um sistema social menos rígido, menos hierarquizado.

Quem sabe fazendo crer aos índios, que até há pouco tempo guardavam em suas cavidades dentárias sobras de carne humana, que sua catequese teatral emergira não das suas convicções, mas da fantasia dos autóctones.

Assim, por meio de tênue equilíbrio entre realidade e invenção, Anchieta manifesta seus estatutos morais e literários. Sob o signo desses paradigmas, que vicejam no continente, o notável jesuíta interpreta o fardo e o fascínio de uma genealogia que devolve-nos fatalmente ao universo helênico, latino, ao extenso mar humano. Ao caminho da misteriosa modernidade onde pousam nossas senhas de identidade.

José de Anchieta, embora de temperamento medieval, vive uma rara fusão histórica: ao enlaçar as três línguas, espanhol, português, tupi-guarani, lança as bases de um ecumenismo prestes a anunciar a futura propensão sincrética do povo brasileiro.

Mas por força deste jogo verbal tão persuasivo ele logra abastecer as suas crenças religiosas, integra-se definitivamente aos instantes que forjam a sensibilidade brasileira. Exaure, pois, a exegese da pátria.

Como esquecê-lo?

102. O ilustrado Pedro II

O passado brasileiro registra a presença dos viajantes europeus que, atraídos pela estranha utopia instalada nos trópicos, desembarcaram no país, um império regido por Pedro II, um Habsburgo de queixo ligeiramente prognata, e de conduta relativamente visionária.

Um imperador ilustrado que lutou, ao longo do reinado, por introduzir naquelas terras atributos civilizatórios. E, como prova de sua índole, em certa temporada em Paris, visitou o celebrado Victor Hugo sem aviso prévio. Assim, sem pejo, anunciou ao perplexo mordomo do poeta que ali estava o imperador do Brasil. Igualmente sendo ele cultor da música clássica, apresentou-se em Bayreuth, então pequeno burgo alemão, quando da inauguração do teatro que Richard Wagner construíra com o intuito de abrigar em seu espaço cênico suas grandiosas óperas. Com que emoção, frequentadora eu deste templo, vi seu nome destacado na placa posta na entrada, em meio aos que muito cedo amaram o compositor, como Luís II da Baviera.

A serviço do império, Pedro II vivia no Paço Imperial, quase à beira do mar, cercado pela corte. Um momento singular, em que o Rio de Janeiro, como capital, começara a acumular traços literários oriundos dos autores que a elegeram epicentro do seu universo ficcional.

Encarna-se nesta justa tendência Machado de Assis, cuja obra esmiuçara a cidade do Rio do século XIX. Em um texto que nos trouxe a urbe intacta, enquanto fomentava o engenho coletivo. Em seus magníficos romances, a encenação urbana rastreia a genealogia do seu traçado, sem prejuízo da trama que permeia cada esquina, abastece a narrativa de pormenores e minúcias supridas pelo cotidiano do

Segundo Reinado. Como Ariadne, Machado empresta-nos o fio com que vencer o labirinto dos sobrados e das vielas.

Sua urdidura novelesca, sob a magia da intriga urbana, envereda pelos interstícios dos seres reais e ficcionais que ocuparam o palco brasileiro a partir da ascensão de Pedro II ao trono, em 1840, até o advento da República. Longo período que enriqueceu os anais da urbe caótica, na iminência de absorver ideias, práticas, estéticas importadas da Europa.

Intérprete da turbulência social, Machado de Assis, nascido no morro do Livramento, zona pobre da cidade, acrescentou à realidade concreta sua profunda descrença no humano. Sarcástico, suas descrições esboçam a cartografia imaginária daquela paisagem.

Esta densa carnalidade urbana, contudo, em Machado de Assis e nos demais cronistas, exacerba as tramas vividas em torno do Paço, encabeçadas pelo imperador cuja iconografia, representada pelas longas barbas brancas, alastra-se pelos espaços por onde transitam os figurantes do império. Aristocratas, políticos, artistas, escritores, artesãos, mundanas, seres imersos na ambição e na paixão que igualam as camadas sociais.

Tais testemunhos literários, de impressionante atualidade, agrupam os pedaços dispersos da cidade e decifram sua topografia geográfica e moral. O teor externo e secreto que envolve hábitos, escândalos, algaravias, miséria, esplendor social adventício, provenientes dos habitantes do império.

Estas apologias literárias, distantes de uma visão reducionista do reinado, cobrem aspectos autônomos dos costumes, fazem aflorar a natureza intrínseca da sociedade na segunda metade do século XIX. De modo que, incorporados nós ao passado, absorvemos esta matéria sociológica e tornamo-nos visitantes imaginários da cidade.

Vale realçar o pendor da época de frequentar o Teatro Lírico, reputado abrigo de amores clandestinos. Em meio às butacas e aos corredores surpreender, sem mais, o imponente imperador de chinelos, após se livrar das botinas que lhe sacrificavam os pés. Da frisa imperial, aplaudindo a célebre italiana Candiani. O mesmo D. Pedro II que, havendo por algum tempo se afastado do convívio social, fora acusado de descuidar-se do aprimoramento dos costumes. De não empreender, mediante exemplo, a campanha civilizatória de que o Brasil carecia.

Também de visita ao cais Pharoux, os cavalheiros de então se comprazendo em acenar para a francesa Aimée, de reputada habilidade no palco e no leito, despedia-se do Brasil, após longa temporada. Partia com a burra cheia de moedas, para gáudio das damas brasileiras, intranquilas com os alvoroços sexuais dos maridos.

Nestes cenários literários, vislumbra-se Natividade e Perpétua, personagens de Machado de Assis, a subirem o morro do Castelo, de tílburi, em certa manhã, a fim de consultar certa sibila sobre o futuro dos gêmeos Pedro e Paulo, do romance *Esaú e Jacó*. O mesmo morro do qual a população observou, em 1808, entre perplexa e fascinada, as naus, vindas de Lisboa, com D. João e a corte portuguesa, carregadas de tesouros, a fugirem do general Junot.

E percorrer à tarde a estreita rua do Ouvidor, onde se resumia a vida do Rio. Na Confeitaria Colombo, ainda hoje esplêndida casa de chá, capta-se a incipiente emancipação das mulheres que ali chegavam desacompanhadas e consumiam doces e ilusões, enquanto trocavam intrépidas miradas com estranhos. À noite, surgiam as damas tangidas por Suzana de Castera, famosa pelo seu estabelecimento e pelas ideias abolicionistas, a ponto de o Senado em peso comparecer ao velório da mãe.

Todas estas descrições formando uma retaguarda histórica propícia a interpretar as inquietações estéticas e sociais da época. E infundem-nos a convicção de ainda subsistirem entre nós aqueles padrões de costumes que explicam o Brasil contemporâneo.

103. É penoso ser mortal

É penoso ser mortal. Mais ainda ser mulher. Alguém a caminho de se tornar uma criatura que não sabe ainda o significado de ser mulher. Nem em que estágio se encontra na escala social. Se bordeja um abismo ou está prestes a desabrochar como uma nova flor, ou como a mariposa que luze com cores e asas na iminência de voar. Ansiosa por exercer sua plenitude cívica.

Dou-me conta do quanto é pungente conjugar ao mesmo tempo a natureza de mulher e de mortal. Como tal enveredar pelas trilhas traiçoeiras do pensamento e das emoções. Pretender escrever livros porque lhe foi dada esta tarefa desde a infância e assim fazer valer meu pretensioso protagonismo.

A mulher, no entanto, que somos nós arde como uma sarça ardente. Arregimenta em seu casulo um acervo inexplorado, guardado desde o nascimento, de uma gênese perplexa voltada para dar vida a outros seres. Uma mulher cujo esplendor secreto desafia os tempos por virem. E que na sua prolongada obscuridade histórica, onde a depositaram, requer exegese. Uma tradução tanto para ela própria quanto para o mundo circundante. E se saiba finalmente que a mulher, por ter perambulado desde sempre pelas zonas sombrias da terra, refugia-se no mistério que a adorna enquanto alimenta a humanidade.

104. *Fundador* e a loja da rua 42

Cada livro meu supria-me com o legado do anterior. Seus pontos de luz socorriam-me diante da máquina Hermes, presente do pai, Lino, aos 12 anos. A primeira frase escrita dá vida ao romance. Assim ocorreu com *Fundador*, em 1970, nascido em Teresópolis na casa que eu mesma construí junto com os operários.

Confiante nos raios fulgurantes da criação, faziam-me atravessar séculos e terras, aliar o arcaico e o moderno. O longevo Ptolomeu, oriundo do Oriente Médio, vendia em sua loja, na rua 42, em Nova York, material escuso e os mapas que desenhava. Agia como adivinho, profeta como os antigos hebreus.

Joe Smith, personagem também central, tinha-o como escudo. Jovem estranho, rastreava Che Guevara e o padre Camilo Torres, da família Restrepo, ilustres abolicionistas colombianos. Nos idos ao passado, surgem o visionário Fundador, Monja, o cisterciense Bernardo de Claraval, crítico dos templários. No mundo deflagrado as almas flutuavam ao sabor da fatalidade. Eram peregrinas.

Até hoje surpreende-me sua caminhada ficcional.

105. Vargas e a menina Nélida

Certa feita, ao encontrar o presidente Getúlio Vargas em São Lourenço, em uma das aleias do Parque das Águas, um jardim francês de bela concepção, em inesperado impulso infantil, atirei-me aos braços do então chefe de Estado. Embora o pai Lino temesse as consequências do gesto da filha, nada adveio. O presidente, emérito populista, e de poderoso carisma, sem hesitar enlaçou-me firmemente e alçou meu corpo até a altura do seu rosto e beijou-me. Certamente terá observado em torno para medir os efeitos do ato, na expectativa da aprovação Quando o pai escusou-se ante o atrevimento da filha, o mandatario elogiou o sentido patriótico da menina.

E por que agi assim tão destemida?

106. Os registros

Cada registro que me cedem, interpreto sem rigor crítico. Para receber o Brasil de volta, disponho de um canal que filtra e ordena o caos.

Afinal, onde nasci senão no Rio de Janeiro? Aqui estico o corpo exaurido por tantas andanças, com a renovada convicção de haver regressado ao lar. Neste berço brasileiro sei onde o sol se põe. Sei que posso depositar a minha dor aos pés do Corcovado.

As rodas do carro sucumbem ao peso da minha bagagem. Envergonho-me por viajar com o mundo às costas. Por acreditar ingenuamente que as coisas da terra são transportáveis. Por comprar tantos livros. Por acumular papéis fugazes. Por comprar as canetas que me dão a ilusão de escrever melhor com elas.

Sou sempre assim. Fora de casa, forro cada dia com anotações. Guardo as notícias arrancadas das revistas. Arquivo-as para que me refresquem a memória no futuro. Mas a que memória me refiro? A que eu invento e confunde-me? Ou a memória que me encurrala e não foge do rígido documento? Ou aquela que não me respeita, aflora quando eu já não a esperava? E por que preciso tanto dar provas públicas do que já vivi? Porventura não saberia de minha vida se não fora por elas?

O tráfego dificulta o acesso à casa, aonde tenho pressa de chegar. O coração instalou-se ali primeiro e aguarda que meu corpo, menos ajuizado, chegue ao lugar de onde talvez não deveria ter saído. Embora saiba, de antemão, que a despeito da alegria com que sou recebida no lar, seguirei semana entrante para outra viagem. A vida ultramar convoca-me e obedecerei ao seu brado.

107. Sou de uma sociedade secreta

Persisto em sondar os mistérios da arte narrativa que me diz respeito. Sou parte desta sociedade secreta que esgota a vida crente de ser capaz de erguer um monumento literário. Pobre de mim se assim aspiro. A arte é fugidia, nunca está onde nós a buscamos. Aceito o desafio de criar, mas sabendo que cercam-me as falhas, as admoestações.

Agarro-me à maestria alheia para melhor sorver seus mistérios. A narrativa, porém, à qual sirvo, desautoriza-me a esclarecer sua gênese, frequentar sua intimidade. Mas o que me importa, acima de tudo, é causar no próximo a emoção estética que se equipara à vida em estado puro.

Percorri as ásperas veredas da criação enfrentando toda classe de preconceitos. O machismo, que dispunha de estratégias hábeis, agia com sutileza, confiante em emudecer a mulher, em reduzir-lhe seus méritos literários, para que sua obra, enfim, não ecoasse na sociedade brasileira.

Reconheço, no entanto, que, a despeito das discriminações sofridas, admiráveis intelectuais impulsionaram-me a crescer, aplaudiram meu trabalho, respeitando minha dignidade. Agradeço a cada um deles.

Fundamentalmente a arte prescinde da nítida definição do sexo do criador. A palavra não sofre os ditames autorais impostos pela anatomia. A literatura não se sujeita, pois, à genitália do autor. Ainda que a sua agonia contamine-se pela sua peculiar visão da realidade. Daí cada qual responder pelas suas idiossincrasias.

Sob a lupa do escritor, o que ele constata é soberano, sem considerações físicas. Ambos os gêneros, quando circunscritos à sua arte, são tragados pelos ditames narrativos. Enquanto regidos por alguns de seus códigos, são livres para circular pelos andaimes, pelos subterrâneos, pelos labirintos da arte.

Sei que a língua de cada qual é impura, grosseira, sobretudo na intimidade do lar, ou entregue à agonia das vísceras, ainda que a serviço do que se quer contar. Nasceu como pôde, da sarjeta, do degredo, das alcovas, das masmorras, dos crepúsculos e das alvoradas. Mas porque se socializou com dialetos e fonéticas alheias, amestrou os vocábulos da criação a fim de despejar as histórias que estavam na ponta da língua.

Decerto a mulher, em verdade recente na cultura institucional, apreendeu as sílabas com as quais compor a palavra de que carecia, enquanto o homem, senhor da escrita, apossava-se da alma feminina.

Por sua vez, privada ela de consultar os manuscritos, os incunábulos, avizinhava-se dos sentimentos, das contrações do parto, atendia os enfermos, ouvia os vagidos dos moribundos em seus leitos, na iminência da morte. Acolhia confidências guardadas no recôndito coração masculino. Era protagonista dos atos penosos, essenciais da vida.

Confrontado com o arsenal de saberes da mulher, o escriba, ao se ver desfalcado dos detalhes profundos da existência, extraía dela o que lhe faltava. Ia empunhando a pena enquanto ela transmitia-lhe o que dizia respeito à realidade. Assim certamente agiram Homero, Shakespeare, Cervantes, alimentando suas sentenças com a veracidade provinda da mulher. Ainda que jamais admitissem esta dívida moral, a transferência maciça de sapiências.

Não terá sido assim que, reclusa na casa, confinada ao analfabetismo, ausente da aventura humana, participou ela estoicamente da construção civilizatória, mesmo que seu nome não esteja inscrito nos frontispícios como marca de um testemunho sem o qual o homem interpretaria o mundo pela metade? Desfalcado das condições de adotar um personagem feminino, convincente, com caráter universal.

Gustave Flaubert forneceu-nos a resposta adequada à questão de gênero na literatura, ao afirmar no tribunal, diante de seus interlocutores, quando indagado sobre seu romance: "Emma Bovary c'est moi."

O fato determinante: se não for eu capaz de auscultar o ser masculino, convém renunciar à literatura. Isto dito, julgo que o primado da arte repousa na interpretação radical do mundo, na criação sem empecilho, com livre trânsito, cujos pilares, independentes do sexo, obrigam a reconhecer a existência comandada por um caos que por si, em seu magnífico imbróglio, nada exclui das trevas, do que ainda não ganhou luz.

108. Cosmogonia galega

Na terra da família alojei enredos no epicentro da arte. Servi-me, como bálsamo, de seu teor arcaico para criar uma poética que me licenciava a frequentar Homero e Camões. E a imergir na indissolúvel poesia da vida e da morte.

Os desatinos narrativos que me acossavam ao longo destes transcursos culturais invalidaram as ortodoxias que rondam a arte. Assim, após cruzar a praça do Obradoiro, aguardava-me o apóstolo Santiago prestes a acolher, no altar da catedral, os peregrinos que tinham no peito como insígnia o pergaminho da fé. Ambos inspiravam-me a emendar histórias, a ouvir vozes rascantes dos velhos de Cotobade, de onde somos. O eco dos seus reclamos, cujos timbres traduziam o plangente lirismo de Martin Codax, vindo do século XIII, que, alçado à glória, anunciava o advento de Emilia Pardo Bazán, Valle-Inclán, Otero Pedrayo, Cunqueiro, Camilo, Torrente, intérpretes da cosmogonia galega.

109. Gabo

Ao visitar as vielas colombianas, elas não me pareceram estranhas. Realço as noções de uma terra que García Márquez tornou visível à percepção humana.

Com este modelo no interior da mochila, recolho nas tabernas, nas alcovas, nas águas do Caribe, nas terras que visitei, as pegadas que Gabo, mestre de tantos, repartiu como se espalhasse migalhas de pão. Busco localizar no cotidiano da sua escrita as secretas dimensões espargidas pela sua obra.

E por que não haveria de servir-me de García Márquez, ao estar na Colômbia? O mesmo não faria com Cervantes, estando na Mancha, ou Machado de Assis, na Gamboa? Como, então, mencionar este país sem louvar este escritor cujas filigranas criativas estabeleceram um parâmetro artístico de rara magnitude?

Aliás, a sua trupe dos Buendía, solta pelo mundo, frequentemente me persegue com suas narrativas, quer à força governar minhas obsessões. Desconfio que age deste jeito para não ser esquecida. Sobretudo para que, quando eu retorne ao berço dela, como nestes dias, integre-me à sua estirpe, solidarize-me com o seu povo. Não deixe de amar o seu *vallenato*, a sua poesia, o seu castelhano criador e límpido, as suas batatas fantasiosas e múltiplas, as suas criaturas pródigas em chamas.

Há pouco, ao consultar o mapa, Macondo desponta imperativa nesta cartografia da arte. Embora cercados de sombras, surgem-me os Buendía, ardentes degradados que emergem do relevo colombiano, alastram-se pelo continente, atendem às urgências míticas da brava grei latino-americana.

Obrigam-me a acreditar que este país imaginário, que brota de Macondo, é uma nação real, tangível, cuja humanidade, assimétrica e desvelada, anuncia os segredos e os solilóquios da emaranhada raça humana. Indica-nos que este território, comum a todos nós, desde a sua fundação foi colombiano, um espaço assediado por maravilhas e doloridos transtornos.

Bem sei da dificuldade de abordar um país. De atravessar-lhe as fronteiras, de habitar o seu espírito, ainda que se leve no rosto a máscara do jaguar. Ou mesmo de falar de suas entranhas, de suas visões proféticas. Assumo estas impressões familiares estimulada pelos amigos colombianos que ostentam às vezes, em breves lampejos, generosidade e vocação mítica. Comportamento que guarda certa semelhança com os Buendía. Um possível grau de parentesco que lhes adiciona transbordamento inventivo, o cosmopolitismo que não perde a província de vista, certo encanto que facilita o seu imediato reconhecimento, mesmo no estrangeiro.

Só que estes amigos, diferentes dos Buendía, por ironia ficcional condenados a esquecer, empenham-se em resguardar e salvar o universo em torno do qual gravitam os valores excepcionais de *Cem anos de solidão*. Convencidos que estão de que a mesma matriz responsável pelo gênio de Gabo, que é a Colômbia, há de assegurar-lhes, e aos que lhes sucedam, igual talento na arte e na vida. Há de garantir-lhes colheitas e esplêndidos tempos vindouros.

110. Quem somos nós

Quem somos além de gregos, latinos, visigodos, celtas, ibéricos, árabes, africanos, asiáticos, antes de sermos indígenas brasileiros, todos de uma carne mestiça? Almas cujas irradiações denunciam as traições de sua origem?

Somos muitos, pois, dispersos, andarilhos que cruzamos mares e terras a partir mesmo das colunas de Hércules, e dos demais quadrantes havidos. Até mesmo do paraíso de Adão e Eva que por sorte nunca se soube onde se localiza. Mas ocupamos agora a linha do horizonte que nos aparta do mundo.

A extensão da pátria forma um continente. Ricos e pobres o rastreiam em nome da aventura. Tal incursão tem traços de histórias vividas não necessariamente por nós. Somos meros sucessores de dissabores alheios, pretéritos. De algumas memórias benfazejas.

Aviso a quem seja que súbito posso fugir dos grilhões familiares, mesmo do Brasil, e exibir sem retoques dos fenícios, cartagineses, etruscos. Uma argamassa étnica então que me toca por ser dona da minha humanidade. E se algum sangue faltou, irei em busca de sua corrente para bebê-lo.

Minha terra é um universo abrasivo. Um berço bárbaro e escassamente civilizado de tal fermentação fáustica soçobra em mim e nos vizinhos uma libido entre triste e alvissareira. Manifestam-se culturas que o próprio Deus semeou no deserto para confundir seus pastores. Mas legando-nos a policromia da poesia que trava eterna batalha entre vida e morte.

111. O mapa

Olho o mapa que prezo. Uma cartografia propícia a favorecer a navegação que pauta a vida de marinheiros e sonhadores. Ele amplia graciosamente o roteiro do mundo, logo o nosso. O percurso do lar ao trabalho. Das quimeras ao velório.

As demarcações do mapa não preveem os desfechos dos mortais. Nem estabelecem as diretrizes do destino. Melhor assim. Impressiona--me como cada registro corresponde a uma aldeia apinhada de gente que se desloca sem comunicar aos mapas para onde estão indo, seguindo as trilhas de um traçado impecável.

Ele é arrebatador, cada linha sua foi desenhada por quem palmilhou a terra a fim de ofertar rota para os caminhantes.

Eu, que reconheço o feitiço dos mapas, atribuo-lhes o poder de indicar o pouso que poderá salvar o humano. Ao reconhecer magia nessa cartografia que esmiuçou o tamanho da terra. Sem apagar sequer a existência de uma aldeia que tudo fez para existir.

Ainda que estes mapas lidem em especial com o solo, quem sabe podem de repente prever ventos ruidosos vindos do mar que submergem as naus. Talvez algum cartógrafo insensato teria vaticinado, sem brado público, o naufrágio sofrido por Camões nas costas do Camboja. Até mesmo seu empenho de salvar *Os lusíadas*, o monumento da língua lusa, que tinha consigo enquanto, suponho eu, apelava a Deus.

Estes mares que vejo nos mapas propiciaram traslados que encorajaram minha imaginação. Como inventei, errei e compensei o equívoco com novas versões dos fatos. Mas que povos estão na memória dos mapas que, vencendo águas e ilhas, isentam-se dos crimes cometidos?

E que, no exercício da crueldade, pilharam bens e riquezas, dizimaram aldeias, acorrentaram os que sobreviveram? Para essa gleba de assassinos não consideraram as pegadas de Sócrates, Cristo, santo Agostinho, os mártires, os anacoretas, os senhores das pautas verbais e musicais.

Acaso a plenitude da arte, que enaltece o coração, não coibiu o instituto humano que se apura ao matar o próximo? Segue sendo uma porção de carne que se compraz de dizimar quem seja, e envergonha-me?

112. O jogral Martin Codax

Penso em certo rapsodo do final do século XIII que percorria a península no afã de ser lírico. Deixou uma obra. Eu o chamo de Martin Codax, é quem eu quero. Certamente na condição de jogral ou de poeta atrelou-se ao passado, para fertilizar o presente que lhe era dado todos os dias. Imagino que se carbonizou interrogando as promessas guardadas na sua gênese.

Graças, porém, a este repertório secreto, que o tinha arquivado desde a época das trevas, coube a este goliardo, amigo meu, nutrir o ideário das primeiras palavras, ao tempo que o mundo lhe queria vedar. Quando tantas vezes terá ouvido as maldições dos famintos, dos que sofriam os efeitos de uma luxúria que aflorava sem o alheio saber a que parte do corpo devia atender.

Aos poucos, no entanto, esse Codax, de natureza narradora, verbalizava o que fora até então sem fala. Mas distante ainda de qualquer rascunho de uma futura utopia.

Sinto-o sempre ao meu alcance. Hoje é nome de vinho.

113. O que motiva a vida

Indago o que motiva uma vida, como a minha, a devotar-se apaixonadamente à arte. Acaso é por uma decisão crucial, irrevogável, que justifica tanto sacrifício? E que leva a renunciar às "pompas e às circunstâncias" com seus entretenimentos frívolos?

Tenho muita idade, mas ainda padeço enquanto crio. A matéria verbal que chega ao fim do meu poço insiste em provar-me preparada para exercer o divino ofício da escritura. Capaz de enlaçar o desgoverno da arte com a minha existência, segundo a minha vontade. Em que lugar aliás se encontra esta vida que leva minha assinatura? Acaso fica onde não estou durante o ato de escrever, quando esta vida pessoal está na expectativa de um verbo que teima em não nascer, conquanto eu o busque como um caçador solitário? Sei-me capaz de encontrar no futuro a matéria incandescente com a qual atingir o ápice da narrativa.

E cá estou na espera de um dia solar, ou como disse Machado de Assis no dia da Abolição, houve um sol, um grande sol, e eu repito a sentença com a ânsia de ser ele, e afundo-me na minha condição de escritora. Volto a indagar se ao longo do meu percurso não haverá ao menos um traço da minha vida em qualquer frase minha concebida distraidamente. Ou um ditado solto em meio ao torvelinho de outras sentenças que o personagem rouba-me como se fora de sua autoria, ansioso por elucidar o mundo?

Não sei o que concluir. Mas intuo que vinculo-me fundamentalmente ao que invento, ao que se origina dos subterfúgios secretos da arte. Não sou livre nem mesmo quando exerço meus direitos de cidadã ou sucumbo-me às atrozes garras do amor. Sou presa de uma volúpia que me obriga a ingerir a cada manhã as gotas de veneno que a arte, alquimista diabólica, prepara para eu ter fé na paixão que ela inspira para sobreviver nas minhas mãos. E salvar-se e a mim também.

114. União Ibérica

Na vigência da União Ibérica, o castelhano reforça sua presença na colônia por conta da vinda dos espanhóis, da chegada dos judeus expulsos de Espanha, da inexistência da imprensa no Brasil, o que obrigava a ler em espanhol e português os livros trazidos da Europa. Graças ainda ao gênero epistolar, à correspondência que se trocava nos dois idiomas.

Ações que, em conjunto, impulsionavam a absorção do espanhol, mas que, em contrapartida, provocavam na comunidade portuguesa da colônia um antiespanholismo. A ponto de certo colono português arrematar a um espanhol, segundo o livro *Confissões da baía*: antes mouro que castelhano. Provocando a seguinte resposta do castelhano: antes mouro que português. Como vemos, uma guerra em surdina que se alastrava entre os grupos.

Não é de se estranhar, portanto, que na Bahia setecentista, o célebre poeta satírico, Gregório de Matos, se confessasse um apaixonado por Cervantes, mestre do ridículo humano, que leu no original. Assim como o extraordinário orador sacro, Antônio Vieira, cuja nacionalidade é apaixonadamente disputada por Brasil e Portugal, escrevesse algumas composições em castelhano. E que o brasileiro Manuel Botelho de Oliveira, poeta do século XVII, criasse poemas e comédias em espanhol.

Tais junções linguísticas e históricas ensejando que se reconheça, abstraindo-se o latim, origem comum, haver no substrato brasileiro vestígios da presença do espírito da língua espanhola. Uma suposição cultural e antropológica que sobremaneira enriquece o nosso repertório e reforça o conhecimento do quanto Espanha e Portugal, além do tupi-guarani, fazem parte da poderosa matriz civilizatória do Brasil e da língua com a qual registra a realidade social e literária.

Cabia, pois, pensar na existência de um bilinguismo também de caráter estético que enriquece o português e o castelhano, com o reforço essencial do tupi-guarani, e de aportações africanas. Sem dúvida preciosas infiltrações que deixam marcas visíveis na fala popular e na escrita erudita do Brasil.

No assunto do verbo fomos benfazejos.

115. Eduardo Lourenço

Eduardo Lourenço partiu, sim, mas não de vez. Deixou-nos o consolo do seu precioso lastro de feitos e de memórias. Um legado incrustrado na pátria da língua e dos sentimentos. Por onde ande, em Portugal, no Brasil, nos países também de língua lusa, colhi os ecos da sua existência sábia.

Conhecemo-nos há muitos anos e tornamo-nos amigos. Via-o sempre de visita a Portugal, ou quando vinha ao Brasil. Sabia o quanto eu amava o solo português, e alargava este bem-querer com narrativas benfazejas, que me faziam feliz. No entanto nunca lhe confessei que, ao estar em Sagres, arrebatador litoral cujos ventos em fúria apontavam o mar como destino, eu sentia o mestre ao meu lado. Fazia-me companhia naquele misterioso promontório, e narrava as façanhas náuticas do Infante D. Henrique e sua grei. Suas frases, ali ou em torno do repasto, cristalizavam séculos de história, e eu as fundia com minha imaginação agradecida.

Sob a guarda do Infante, e de outros notáveis fantasmas do Ocidente, revivia comigo os brados poéticos de Camões. Sabia ser fundamental falar-me do cabo Bojador, do insensato e valente Gil Eanes, matéria misteriosa desde a minha adolescência. Ambos confirmávamos e revogávamos mitos. Perseguiam-me, então, os filiados da ínclita geração do vate, e ele abrandava meus delírios. Mas relatava a odisseia do império ultramarino a partir do pequeno reino de Portugal. Dominava a arte das analogias, tão do meu agrado.

Quanto tempo levou para surgir na cena portuguesa um erudito como ele. Um pensador apto a desbravar a origem de todos e a evolução da humanidade. Com vocação para situar no frontispício universal o repertório das peregrinações de seu povo pelo mundo. Como resultado, acumulando a matéria que lhe ensejou reflexões com as quais fazer a exegese de todos os tempos.

Tenho-o presente. Realço seu sorriso cândido e generoso, embora ligeiramente descrente. Mas, de porte miúdo, Eduardo Lourenço parecia-me um audaz navegante que jamais naufragou a despeito do maravilhoso fardo de suas ideias e de suas formulações. Liberto de fórmulas rígidas e tecnicistas, de teorias arrogantes, fora certamente ungido pelas matrizes inerentes de um humanismo que amparava causas e razões intrínsecas à sua própria condição.

Dotado de visão vasta e universal, apropriou-se de fundamentos civilizatórios com os quais sedimentou sua obra, alargando seu horizonte histórico. A fim de que graças a suas aferições nada lhe sobrasse ou lhe faltasse. Um pensador que, sem se iludir com falsas modernidades, atentou às culturas remotas, albergadas em casulos secretos. Zeloso às estéticas subjacentes às ações humanas, reconheceria, quem sabe, que o passado está sempre no presente.

Penso em Eduardo Lourenço e parafraseio Terêncio. Como o romano, ele nunca se ausentou da sua espécie, da força que emanava do verbo. No seu *Labirinto da saudade*, a saudade resultava da temporalidade essencial da nossa consciência carnal, que mais então aduz à sua pregação, ou a frase que tentou definir o destino de seu Portugal: "Somos, enfim, quem sempre quisemos ser".

Sofrerei sua ausência. Desde 1989, consagrava-lhe profunda devoção. Fortalecia-me quando estávamos juntos. Um homem jovial e galante que absorvia a seiva da vida. Nossas conversas educavam-me, enquanto tragávamos uma tradicional sopa de pedra na casa da querida Leonor Xavier.

Mas como me despedir de Eduardo Lourenço? Talvez relembrando certa visita sua a uma cerimônia de candomblé na Bahia, quando ao se sentir débil abandonou o recinto. E sentenciou:

— Não vou entrar em transe. Sou um leitor de Descartes.

Até sempre, mestre Eduardo Lourenço.

116. Vísceras

Tenho vísceras que asseguram calor e escritura. Seus estertores proclamam que sou senhora de um corpo cujos ímpetos, quantas vezes mesquinhos, tornam-me indiferente à sorte alheia.

Em meio aos sobressaltos do mundo, ao escrever antecipo o desfecho do enredo. Mas hoje, nesta noite lunar, pouco me importa como me julguem. Há muito relativizo os recursos da arte da escrita que sei inalcançáveis para quem seja. Intuo o método de iniciar uma história, de como buscar as frases retumbantes ou secas que vão dar abertura aos romances. Só que elas se esquivam, encerram-se no casulo de um inconsciente que trava a ordem poética. Como lograr o acerto linguístico que me regale com a coroa jamais de espinhos? Meu Deus, onde se refugia a frase que há de assegurar a grandeza de uma obra literária? Uma sentença que sabe como quer ser contada, e eu deveria obedecer. Portanto mais sábia que eu. Ela, pois, que conte.

Nem sempre é fácil ceder à preponderância do mistério que impulsiona a arte. Ela que me impõe veredas por onde caminhar, quase cabendo-me apenas assinar meu nome. Mas, a despeito dos meus temores secretos, diante do primeiro sinal do verbo, que me queimava, sempre pura chama, eu me atrevia a ultrapassar meus limites, perdia o fôlego, mas conhecia o fulgor da felicidade. A cabeça e o coração conjugados ditavam o que era essencial.

Aceito com brio os ditames da invenção, o império das metáforas que embora anárquicas estabelecem analogias preexistentes no tabuleiro da vida. Minha vontade deixa-se subjugar pela arte que veio do Neolítico. Seus desejos ainda falam nos tempos de hoje, impõem princípios estéticos. Insinuam certezas e enganos diante dos quais lacrimejo. Encarnam uma gama de significados arrancados do subsolo da humanidade em formação. As primeiras palavras, um prodígio dos seres.

Também eu, no ofício de escrever, deixei os homens da caverna no sepulcro da história. Devo ser um deles certamente. Só que aprendi a escamotear a verdade para realçar as claves de um romance. A ficção com seu arcabouço ambíguo não mente, seu compromisso é outro, mas sem conteúdo moral. Decerto com os personagens cuja brutalidade amorosa e cruel revela quem são.

Sem dúvida a arte não tem doutrina, norma a que seguir. Qualquer desfecho romanesco serve aos seus interesses. Qualquer destino roça a utopia oriunda das tribos egressas. Razão para eu abraçar um universo que se desprende da realidade para inventar outra, que jaz resguardada no coração humano. No recanto próximo das urgências das minhas vísceras.

Sou quem sonega a verdade estética. Nada leso. Simplesmente exponho o impacto do destino da escrita.

117. Mateus e Sagres

Minha evolução ficcional mereceu intensas reflexões. Assim eu ia tecendo a exaustiva urdidura romanesca sob o jugo da trama, que aglomerava personagens para antagonizá-los entre si, a pretexto de procurar as senhas da humanidade.

Para tanto sondava os bilhetes anônimos guardados nos escrutínios familiares, e os incrustava no coração da escrita, que era o festim romanesco. Por conta das artimanhas que inventava, sempre soube que nenhum romance é inaugural. Quando muito, impresso, deixa em uma lápide abandonada o seu solitário testemunho.

Um dia chegarei a Sagres foi publicado em 2020, em plena pandemia. Para escrevê-lo fiz minuciosas leituras sobre o reino português a partir do século XV até o XIX. Em seguida instalei-me em Lisboa para um ano de estadia. Da capital percorria as regiões propícias à minha história, sem perder de vista que o romance inicialmente situava-se no Minho, e tinha Mateus e Vicente como prumo.

Abastecia-me com o repertório lendário que ainda boiava no inconsciente popular, no legado de Camões, cujos eternos resquícios poéticos, referendados pela minha sensibilidade musical, circulavam pelas aldeias, pelas antigas edificações, pelo vento de Sagres.

Entendia que o século XV português ofertara ao mundo um novo conceito de imaginação. Uma civilização que se pulverizara entre demais culturas, eu recolhia seus fascinantes destroços através de Mateus, um lavrador perplexo diante das alegorias amargas difundidas entre sua gente.

Graças às vivências infantis, desfrutadas na rural Cotobade, Galícia, ao longo de dois anos, pude avaliar as frustrações de Mateus e Vicente, sempre temerosos de lhes falharem as colheitas, ou de lhes morrer um animal. Eu sofria com suas lamúrias quando aravam o solo ingrato. Enquanto registrava a sexualidade exacerbada daqueles homens, o assombro que o corpo lhes provocava. A fantasia que os compensava e tinham ao seu alcance.

Os sobressaltos se acumulavam. A efígie do Infante D. Henrique perpassa o romance. Suas incursões pelos mares protagonizavam a utopia que Mateus urge crer para viver. Sob a custódia do Navegador, ele perambula pelo reino tendo em mira Sagres, o berço de uma grandeza associada ao passado e que redimia a ele, um desvalido português. Após saber desta glória, que passou a ser sua, afugentou o sentimento de fracasso, de culpa por ser bastardo.

Ao longo dos tempos, Mateus conhece a caleidoscópica existência humana. Não a aceita nem se concilia com ela. Ao envelhecer, constata que seus desastres foram precedidos pela falência da nação. Ele nada mais fizera que segui-los. Afinal era seu filho.

Familiarizada com os dados históricos de Portugal, não consenti que estes fatos comandassem minhas decisões narrativas. Media as emoções e as governava. Mas induzia meus personagens ao desvario. Assim é a escrita fruto da invenção. Não é servil ao roteiro prévio. O próprio Mateus, a salvo das injunções documentais, respondia pelo seu fardo. Nenhum outro ser do romance vivia ao sabor das imposições históricas. Liberava-os para a fatalidade da paixão revestida de paramentos envenenados.

Ao narrar a odisseia de Mateus, do Infante, do Africano, de Matilde, tornei-os partícipes de um povo cúmplice dos mares, das terras ignotas, dos triunfos. Com meus presságios de narradora, sentia encaminhar-me ao cadafalso da arte. Doía, mas salvava-me o alvorecer de uma estética propícia a florescer. Não foi assim que tentei construir uma epopeia à altura da memória de uma gente que, enquanto aguardava no cais o retorno de D. Sebastião, entoando Os lusíadas, lambuzava a broa com azeite e sardinhas?

Iniciei o romance com valiosas noções históricas. Encerrei-o certa de não haver entronizado o passado, mas de lhe ter dado vida. Não quis que o presente saísse vencedor. Não merece a glória que ficou atrás. O mérito da ficção é reconstituir com fervor o cenário humano, dizer quem viveu. A imaginação é a salvaguarda do leitor, leva-o para onde ele precisa ir. Sem enaltecer os tempos vigentes que ainda precisam ser escritos.

118. A América é um mito

A América é um mito que se reproduz em mil outros. Como filha deste continente, incorporei-os à minha vida narrativa. E, ao enlaçá--los com a prodigiosa aventura imigratória, desde cedo persegui o ideal de enfrentar no futuro um romance que correspondesse a um universo totalizante, com forte teor épico. Uma estrutura capaz de narrar a história da América, de enfatizar os fundamentos brasileiros a partir de uma perspectiva nativa e europeia. Uma forma idealística de contemplar o que foi no passado o paraíso perdido, segundo palavras de Rousseau, Montaigne, Boétie, Montesquieu e demais sonhadores progressistas, em especial no que se referia à questão indígena. Um romance em cujo centro irradiador perpasse a imagem da "terra incógnita", próxima à concepção utópica de Thomas More.

Certamente um espaço com dimensão edênica, de acordo com os viajantes europeus dos séculos XVI, XVII, XVIII, como Von Martius, Hans Staden, Langsdorff, Humboldt, que, em coro, descreviam o Brasil sob forte impulso criativo, conduzidos por um gosto estético e antropológico ditado pelos países de origem, cujos conceitos correspondiam em geral com as expectativas fantasiosas de uma Europa cuja imaginação, ao exaurir-se, carecia da assombrosa seiva que as paragens resplandecentes do outro lado do Atlântico lhes podiam municiar.

Orientada por estas considerações, adotei o imigrante como intérprete das idiossincrasias brasileiras. Uma decisão reforçada pelo fato de dominar o tema da imigração a partir de vivência familiar. De poder extrair destes imigrantes suas sensibilidades recônditas, de reconhecer como fecundaram suas vidas após a chegada à América.

119. Viagens atlânticas

Ao longo das viagens atlânticas, que foram muitas, inventei e desorganizei as malhas da escritura. Lembrava-me menina no átrio da igreja de Borela a recitar os versos agônicos de Rosalía de Castro. A tropeçar nas frases que, a despeito das incertezas provocadas, ofertavam-me um manancial de riquezas. Mas, ao escandir suas palavras, pressentia a grandeza dos poemas de Rosalía, que perdurariam enquanto o povo galego, reunido em torno da mesa, confiasse no futuro.

Os cristais sonoros e as claves secretas da língua, em mãos da Poeta, eram cúmplices igualmente dos fenômenos profundos da terra. Certamente, na surdina, ela fizera acertos poéticos com as emoções humanas, pedira emprestado ao povo as palavras usadas no afã de definir dores e sentimentos sob forma lírica. O retrato dela, porém, transparece uma mulher taciturna. Não seria feliz em uma Galícia despreparada para seu gênio. Mas foi a única mulher na história da cultura a representar para a sua gente o que Camões significa para Portugal, Cervantes para Espanha, Shakespeare para a Inglaterra, Dante para a Itália, Machado de Assis para o Brasil.

Constato, no entanto, que vivo ainda sob os efeitos de uma tradição que embutiu no fulcro da minha narrativa, como uma canga, a carroça da ilusão e da credulidade. De modo que, atada à arte de fabular, florescem em mim os corpos da infância. Como a mulher galega junto ao arado, o homem com a boina enterrada na cabeça e o *pitillo* abandonado nas comissuras dos lábios. Tão marcantes, como apagá-los, se Galícia é uma matriz amparada pela argamassa histórica cedida pelas "meigas", pelos conjuros, pelos heréticos, pelo cristianismo com sobras pagãs, pelas identidades espúrias, pelas frases inscritas nos frontispícios que clamam pela Grécia antiga.

Nas horas crepusculares, no entanto, o pensamento e a fabulação, ambos conjugados, fundem-se na franja da quimera. Sob a auréola do sagrado, às margens do Minho e do Atlântico, trago à cena a tríade formada por Brasil, Portugal e Galícia. Declaro-me, e peço arrimo, partícipe de suas idiossincrasias. Sei que a cultura termina sendo o que a imaginação lhe ditar.

120. O coração brasileiro

Nascemos da mestiçagem. De um universo impregnado de ficção, do faz de conta. Sem saber a quem devemos uma noção de realidade concebida como uma invenção pessoal que repudia os projetos coletivos. Um realismo pautado por forte dose de fantasia que faz parte da índole social.

Para os brasileiros, aparentar o que não somos, exibir o que não temos, é essencial. Enquanto simulamos a posse de bens que, de fato, pertencem ao vizinho, afirmamos que somos amigos do rei, comensais da mesa do poder. Com que facilidade insinuamos ser íntimos de quem desfruta da fama. Tudo para ostentar um valor que não temos.

Tal dança de aparência há muito instalou-se na alma nacional. Uma influência talvez devida à Península Ibérica, na vigência do século XVI, antes mesmo de existirmos como nação. Sem dúvida um comportamento que não obstante vindo de muito longe provocou efeitos persuasivos. E que, na tentativa de interpretá-lo, obriga-nos a viajar pelo interior da história das nações das quais procedemos.

Para entendermos a índole brasileira, que tão bem espelha a nossa conduta pública e privada, há que refletir sobre nossas origens. Perguntar diversas vezes o que é ser brasileiro. Acaso é nascer no Brasil, em um lugar cujo nome não aparece no mapa, nem com ajuda da lupa? Um lugar, quem sabe, inventado pela mãe que tão logo pariu o filho encheu-lhe a cabeça de mentiras e devaneios, a fim de garantir-lhe a humanidade?

Ser brasileiro é apresentar-se às autoridades municiado de documentos, onde está consignada sua filiação? Nome dos pais, data de nascimento, sexo, sinais peculiares. De que etnia procede seu cabelo, que às vezes é fino, outras crispa-se, enrola-se. Enquanto o nariz, afilado, modifica-se quando as narinas se dilatam, conferindo-lhe outra aparência ao rosto. Estas etnias que, de verdade, não podem ser apuradas. Uma vez que vale mesmo é ser parte de todas as linhagens, proclamar-se filho das andanças humanas pelo mundo.

Ser brasileiro então é falar o português? Esta língua que, vinda de Portugal, aqui está lá se vão quinhentos anos, tornando-se a língua dos quebrantos, dos desejos eróticos, dos sentimentos, da eloquência parlamentar, do sussurrar dos sentidos. A língua dos guerreiros, dos ditadores, dos vândalos, dos torturadores, dos que nos enganam a pretexto de servir-nos. A língua da mãe, do pai, ambos assustados com a vida, mal sabendo controlar as emoções que estão proibidos de ostentar. A língua dos amantes, dos vencedores, dos pecadores. Dos que pedem desculpas sabendo que incorrerão de novo na mesma culpa. A língua dos supliciados, dos vencidos, das irradiações poéticas, dos falsos donos dos sibilos e das palavras.

Será brasileiro quem ri do ridículo que nos abate? Chorar quando a dor é pública, já não disfarça a pungente realidade que nos assola? Quando caindo em prantos abraçamos o vizinho? É gritar na hora do gol que decide a partida de futebol e sustenta a ilusão com que se enfrenta a semana entrante para proclamar-se brasileiro o ano inteiro? É beber a cerveja que o vulgo e a emoção chamam de loura gelada? De modo a cristalizarmos similitudes em torno da mesa e diluirmos as divergências que nos apartaram? Reduzidos, portanto, aos escassos recursos que nos unem?

Ser brasileiro é a fatalidade de inclinar-se frente aos mesmos mistérios que dizem respeito à nossa alma? Ainda que sob pena de demolir quimeras, noção de pátria, o patrimônio coletivo?

Ser dessa pátria é apontar para o Brasil e reconhecer-se nele? Sabê-lo lar, abrigo, longe dos quais somos estrangeiros?

121. A cultura é real

A cultura é real, tem substância mítica. De origem cega, é impossível rastrear seus primeiros brados, dos primatas e dos bichos.

Seu caráter tribal assegurou uma autoria inesquecível, guardou na memória como ganhou cada pedaço de carne vencida na batalha da sobrevivência. Assim os bichos também foram protagonistas tanto quanto os caçadores de uma narrativa que teve início nos tempos tenebrosos.

Quem terá rabiscado na pedra os traços que queriam falar, registrar o vivido? Esboços, sim, que, ao não se assemelharem a nada conhecido, introduziam o princípio da estética. E não é ela o que se opõe ao visível? Mas próximo ao sonho dos primatas que se faziam humanos? E tudo para não haver vazios na passagem daquela tribo pela terra?

Acaso havia que suprir estas manifestações de arte tão incipientes com o cultivo dos mitos? Um lendário que dizia respeito à valentia de ter resistido, não ter morrido à noite. Enquanto a paisagem psíquica despojava-se dos horrores para a realidade cobri-la de árvores frutíferas e de espiga de milho. Uma promessa lírica, a representação de um universo que se inaugurava.

122. Questões fundacionais

Na condição de escritora vivo entre o calabouço e a planície verdejante. Entre os mares e o deserto. Vivo onde não estou, mas sei que lá chegarei. Como tal, o ofício tende a ser indulgente. Desconsiderar o crime por ter sido cometido pelo humano, personagem central da sua narrativa. Em suas linhas há o alvará que solta o instinto humano. Nessa estética, não há culpa, o culpado é logo isentado em nome da sua inocência.

Tanto a poesia quanto a prosa, quantas vezes formam fileiras de palavras vãs. Dizem o que seja por lhes faltar rumo, mesmo alvo. Ambas me exaurem mesmo quando pretendem fertilizar a minha alma. Esgotam-me em contraste com o que aprendi dos sublimes mestres.

No entanto a poesia e a prosa ensejam a plenitude do verbo, diante do qual curvo-me. Gera em mim uma percepção poética jamais inútil, sem falhas em seus desígnios. Sigo temendo alimentar a minha fragilidade com as palavras. Mas o que fazer se elas me batem à porta, forçam existência? E por que não expurgo o que me abate?

Distraio-me então interrogando como se constituiu o repertório verbal a partir de Pero Vaz de Caminha. Sua carta que como certidão de batismo do Brasil encerra-se no casulo dos nossos mistérios. Não há como saber quais ancestrais, entre portugueses e indígenas, movidos pela voltagem da fala, se lançaram ao abismo em busca das sílabas que forjaram palavras novas para o idioma.

E acaso, perseguidos pela carência e pela desfaçatez utópica, renegamos a língua castiça para renegociar com os sentimentos que emergiam na nova terra como inaugurais? Tudo ocorrendo entre os folguedos do sexo e da guerra. Uns e outros se amaldiçoando como fórmula de gentileza. Uma maneira de matar, de ignorar tais regras cristãs que os portugueses traziam incrustradas no peito.

Sob a prática da luxúria, a cultura da mestiçagem traduziu uma maneira de se relacionar com o mundo. A que assalta o corpo alheio e nele deposita seu sêmen avassalador. Mas foi assim que se ergueu o império de uma outra carne luminosa, preparada para ocupar as nossas terras.

Como viver no Brasil não sendo mestiço, como Machado de Assis? De que outra forma seríamos herdeiros diletos de uma utopia? Naquela encruzilhada em que pensamento e ação conjugados abandonam os limites da própria história e semeiam outras noções da vida. O embate entre forças provindas da realidade mestiça em oposição à cultura herdada. Um movimento pendular que questiona a própria universalidade na expectativa de ser legitimamente universal.

123. O rosto de Clarice

Cada dia para Clarice era um fardo cheio de esperança. Bastava tomar café, comer, saber de alguma boa intriga ou peripécia, para lhe nascer uma réstia de ilusão. Logo, porém, os olhos verdes, aflitos e intensos, pareciam transmitir a mensagem: tudo que vejo nesta sala me é familiar e monótono. Será que a vida não pode se renovar ao menos para surpreender-me?

Certa tarde, fomos ao auditório da Pontifícia Universidade Católica do Rio de Janeiro. Após intenso debate entre dois proeminentes teóricos, Clarice Lispector ergueu-se irada de sua cadeira, instando-me a segui-la. Lá fora, entre o arvoredo do parque, dirigimo-nos à cantina. Transmitiu-me, então, o seguinte recado, com sabor de café e indignação:

— Diga a eles que se eu tivesse entendido uma só palavra de tudo o que disseram, não teria escrito uma única linha de todos os meus livros.

Ao deixá-la no táxi, disse-me que ao chegar em casa iria saborear o frango assado que sobrara do almoço. Naquele instante senti tanta ternura, quis protegê-la, que o Brasil afinal reconhecesse sua grandeza.

Clarice era assim. Ia direto ao coração das palavras e dos sentimentos. Conhecia a linha reta para ser sincera. Por isso, quando o arpão do destino, naquela sexta-feira de 1977, atingiu-lhe o coração às 10h20 da manhã, paralisando sua mão dentro da minha, compreendi que Clarice havia por fim esgotado o denso mistério que lhe frequentara a vida e a obra. E que embora a morte, com sua inapelável autoridade, nos tivesse liberado para a tarefa de decifrar seu enigma — marca singular do seu luminoso gênio —, tudo nela prometia resistir ao assédio da mais persistente exegese.

No entanto, a história da amizade se tece com enredos simples. Algumas cenas singelas, emoções fugazes e pratos de sopa fumegante. Tudo predisposto a dormir na memória e pousar no esquecimento. Até que uma única palavra dá vida de novo a quem partiu de repente.

Recordo, assim, com rara insistência, as vezes em que vi Clarice encostada no parapeito de mármore da jardineira, à porta do seu edifício no Leme — precisamente na rua Gustavo Sampaio, 88 —, enquanto os transeuntes passavam indiferentes à sua sorte.

Do carro, por breves instantes, eu lhe seguia comovida os secretos movimentos. Seus olhos, abstraídos, como que venciam uma geografia exótica, de terra áspera e revestida de espinhos. Imaginava eu então que espécie de mundo verbal tais viagens lhe poderiam suscitar.

Acaso a humilhação da dor e a consciência da sua solidão constituíam uma vertigem insuportável e impossível de ser partilhada? Daí por que parecia fundir inúmeras realidades em uma única, a que quisesse dar um nome doméstico, familiar e de uso comum a todos os homens?

Para dissolver o sentimento de ternura e compaixão que me assaltava, quantas vezes corri até ela dizendo-lhe simplesmente: cheguei, Clarice!

Ela sofria ligeiro sobressalto, talvez nos lábios retocados de rubro carmim, ou nas mãos, de gestos quantas vezes impacientes. Mas logo demonstrava estar pronta para partir. Por momentos confiava na salvação humana. Talvez a vida lhe chegasse pela fresta da janela semiaberta do carro, para não lhe despentear os cabelos alourados. Fazia-me crer, enfim, que também ela, agora com o carro em movimento, acomodava-se à paisagem, às ruas, às criaturas, às palavras que eu lhe ia derramando como um leite espumante e fresco, nascido das vacas que ambas amavam. Até o momento apenas em que, havendo esgotado a novidade que podia a existência oferecer-lhe naquela brevidade crepuscular, de novo imergia ela na mais espessa e silenciosa angústia.

Embora o teatro humano lhe trouxesse um drama composto de cenas exauridas e de final previsto, ainda assim deixava Clarice à mostra — para eu jamais esquecer, pois seria um dos seus preciosos legados —, um rosto russo e melancólico, desafiante e misericordioso. Neste rosto de Clarice convergiam aquelas peregrinas etnias que venceram séculos, cruzaram Oriente e Europa, até que ancorassem no litoral brasileiro, onde veio ela tecer ao mesmo tempo o ninho da sua pátria e o império da sua linguagem.

Estava nela, sim, estampada a difícil trajetória da nossa humanidade, enquanto outra vez seu olhar pousava resignado na areia da praia de Copacabana que o carro, devagar, ia deixando para trás.

124. O triste pão de cada dia

O cotidiano envolve-me às vezes em um abraço mortífero. Como uma mortalha que me aquece para fazer frente ao futuro. Aniquila-me, aos poucos, enquanto enfrento as desumanas tarefas. Não há na casa um único recanto onde me abrigar.

Vivo sujeita à mediocridade que cintila nos jornais com exaltada pompa. Falta medida da grandeza nos gabinetes dos sátrapas. Conspurcam-se eles com os festins abundantes e chamuscam meu corpo com o fogo da total indiferença. Pobres seres incapazes de devolver o trono ao povo.

A mãe não me ensinou a expulsar do lar estes vendilhões do templo. Não sei gritar para estes agentes do mal, aplicar-lhes a chibata. Mesmo com minha passividade, no papel de brasileira, indago como acumulam riquezas pátrias em detrimento da nossa salvação. Opõem-se indiferentes às chagas dos pobres, à fome que brota dos casebres, aos que acorrentados aos grotões nunca lerão um livro. Em oposição, pois, ao meu direito de pleitear a arte como razão vital.

Como os demais, sou uma cidadã vilipendiada pelos que, montados no cetro do poder, ridicularizam o fato de estar pronta, em nome do meu humanismo, como os cristãos de outrora na arena romana, a abrir as veias para que o sangue derramado escreva no chão meu testamento e assim, ao renunciar à vida, deixar-lhes o legado deste assassinato. Que a carne consumida no leito ou no prato os amaldiçoe para sempre.

Do meu quarto, alta madrugada, pensei nos anacoretas do século IV, os padres do deserto, que espargiram de suas covas os benefícios provindos da coragem, do jejum que os tornava iguais a Deus. Precursores eles dos jovens da década de 1960 que, submersos no fervor da busca de nova proposta de vida, de um ideal ainda sem nome, abandonaram o conforto da casa, a universidade. Foram ser também ermitãos que consumiam sexo e droga, dispostos a experimentar as excelências da volúpia. Enquanto os meus anacoretas, no exercício do ascetismo, só aspiravam ao projeto da santidade. A ponto de um deles, tentado por indigna dama, na iminência de ceder aos caprichos do desejo, não hesitar em decepar um dedo com o machado.

Não sei por que estes padres do deserto me surgem proclamando o quanto o humano é capaz de enfrentar ao ser forçado por um estranho cuja procedência ignoro. No entanto vigoroso, que não se deixa abater, e lança-nos a uma reflexão nem sempre aceitável

Não fui, contudo, amestrada pela família e pelo meu ofício para tais sacrifícios, a viver no interior de uma jaula de cristal. Mesmo quando devesse melhor assimilar a rotina do cotidiano em busca de um relativo rigor compatível com as trilhas do sonho e da rebeldia. Talvez reduzindo a um décimo minha ânsia de perfeição, o ideal de ofertar ao próximo o que me sobra?

Em geral os dilemas nos confundem. Há que cobrar uma trégua. Que me deixem em paz, não me crucifiquem com tantas formulações transcendentes, quase sempre insensatas. Com destaque neste mês de maio, vizinha de uma jarra de flores enviada por quem se esquivou de assinar o cartão com expressões de apreço. Sem qualquer indício de interesse subalterno, amoroso, como no passado. Com os anos avançados, não tenhamos ilusão. O próprio corpo adverte dos perigos, que é hora de retirada. O amor físico passa a ser uma quimera, embora avassaladora. Como tudo, aliás.

125. Resignação

É frequente que não se creia existir no Brasil um *corpus* literário rigorosamente soberano, o que motiva o silêncio da comunidade internacional que à frente dos critérios geopolíticos controla galardões, consagrações e certamente rumos estéticos. Um arrogante epicentro que desconsidera por princípio os traços genuínos e originais de uma literatura a serviço das suas próprias ramificações criativas, sendo-lhes fácil condenar ao degredo quem esteja na outra margem do rio.

Convém, contudo, repartir as culpas. Reconhecer que Brasília e adjacências nunca consideraram a cultura como matéria essencial para reforçar a identidade nacional, como agente promotor de valores. Sempre isolaram a arte e os talentos do seu povo. Embora tenha faltado no passado, à elite brasileira, a vocação do exílio voluntário. Isto é, deslocar-se para os grandes centros civilizatórios e tentar a sorte. Mesmo quando exilados por razões políticas, tão logo se esgotava a pena imposta, aqueles brasileiros regressavam ao paraíso tropical, sem levar em conta o proveito que obteriam suas carreiras de autor caso permanecessem em Paris, Madri ou Lisboa, destas urbes das quais se emitiam o prestígio e as influências literárias.

Tal postura sentimental dos egressos gerou prejuízos, e ainda a falta de uma rede de proteção, cujos núcleos nos fornecessem alianças sólidas. Não construímos simbolicamente entre o Brasil e a Europa uma ponte pênsil sobre a qual trilhar a fim de apresentar nossas obras e nossos critérios criadores. Não nos inspiramos nos hispano-americanos que, desde o século XIX, ou antes mesmo, teceram no exterior extraordinária malha de acordos. Sem mencionar que foram eles em especial beneficiados pela chamada Espanha peregrina, oriunda do dramático êxodo da guerra civil, que levou brilhantes intelectuais espanhóis a ocuparem editoras e universidades estrangeiras, onde fortificaram a literatura de língua espanhola. Como resultado dessa prolongada política, em muitos casos ingrata e discriminatória, o autor brasileiro não foi incluído quando do advento do admirável boom, cuja gênese se deu na América hispânica. Eu mesma, vivendo à época em Barcelona, no ano de 1973, uma cidade à qual retornava com enorme frequência, acompanhei de perto sua evolução.

O jornalista Xavier Ayen aventou a hipótese de eu ter participado do boom, sendo assim a única mulher, o que rechacei por idoneidade moral. Conquanto tivesse o privilégio de desfrutar dos saberes e da amizade destes grandes escritores, considerei que, na condição de escritora de língua portuguesa, não estava autorizada a pleitear o que não me era devido. Amplio estas considerações reconhecendo que o uso sistemático da designação "literatura latino-americana", que constituiu uma marca de valor estético e mercadológico, muito nos prejudicou ao não incluir a literatura brasileira, ignorando-nos como se fizéssemos parte do Sudeste Asiático. Recordo que o reputado crítico e amigo Emir Rodrigues Monegal, certa feita, ao proferir palestra na Universidade de Columbia, em Nova York, tendo como tema a literatura latino-americana, não mencionou sequer um autor brasileiro. Chamei-lhe a atenção, e ele, que admirava especialmente Machado e Rosa, pediu envergonhadas desculpas.

Sempre batalhei pelo reconhecimento da literatura brasileira, dada sua grandeza universal. Faço ver o débito que o poder literário tem em geral com a nossa criação. Por isso julguei comovente e meritório que o Prêmio Príncipe de Astúrias de 2005, para conjunto da obra, fosse concedido a uma escritora brasileira e ainda por cima mulher.

126. Bastarda

Não me acomodo à função de cronista. Assumo, isto sim, o papel da romancista que tem à frente ao menos trezentas páginas para preencher com histórias conflitivas e passionais. E que me satisfazem quando não temo me exceder, aceito seus desafios. Mesmo porque os enredos parecem ter autonomia, desabrocham sem me consultar. Minha natureza cultural é acumulativa, reserva emoções, saberes, mínimas memórias. Não me desfaço do que passou por mim. Mesmo quando penso ter esquecido, tudo aflora de repente. Conto, pois, com um arsenal de fatos e de histórias. Uma carga vinda da imaginação, quer do Brasil como do Extremo Oriente, de qualquer rincão da terra. Mas sigo sendo a escriba a navegar pelas turbulentas águas da língua portuguesa. Como um aedo, assumi o dever de reformular o que escutei pensando nos séculos que virão com suas criações e patologias. Ele precisa de sucessores, de registros que aparentam haver existido. Como eu. Que sou crédula, aposto no futuro da arte. No núcleo apinhado de ratos e gente.

Sou quem vem peregrinando pelo mundo, com pão e moeda na mochila. Amo um farnel que me permita sentar-me debaixo da árvore e alimentar-me. Mais do que abastecer o estômago, fertilizo a imaginação. Não paro de pensar no que faço com as palavras e no que elas fazem comigo. Elas são sôfregas, não param de me asfixiar, que eu anote o que me ditam. Querem deixar lastros, rastros, pegadas. Felizmente ostentam orgulho, jamais são servis. E dizem quem foram no passado, como foram sendo constituídas na boca de um suevo, de um celta ou de um visigodo, estes povos em expansão a despeito da fome, das pragas, do sangue derramado, da própria Roma.

Quando crio, abençoa-me a mestiçagem, sou filha de todos os povos. Não sei a quem devo a paternidade e a maternidade. Não penso nem mesmo em Carmen ou em Lino, bastardia portanto que enobrece o humano.

Esta família minha que sei identificar não só pelo afeto, mas pelas características herdadas, esteve séculos atrás em rincões longínquos até chegar a Galícia. Este é o destino do humano, exaurir-se nas caminhadas, sem teto e sem fonte de água, até um dia escolher a caverna onde vai acender o fogo e assar as carnes que caçou.

Esta é minha origem. E o que sei a respeito eu passarei adiante como forma de provar que a arrogância étnica merece punição. Há que purgar a vaidade que seleciona e expele os demais.

127. Gosto do meu sangue

Gosto do meu sangue. Ele me salpicou de uma sensibilidade que empresta vigor e ternura ao meu ser. Gosto do corpo que tenho, feito de pedaços de cada ramo. O braço não sei a quem devo. As mãos certamente ao meu pai, Lino. Mas, com os anos, à medida que envelheço, ao olhar no espelho, descubro certa semelhança com minha mãe, Carmen, a mulher que forjou meu caráter. Minhas volúpias pela vida julgo terem vindo diretamente do pai, e fui castigada com a sua morte prematura. Ele morreu com uns 55 anos. Eu esfregava-lhe o peito, junto com o médico, enquanto deitado em sua cama, no seu quarto, e de nada valeu. Ainda que providenciasse o que fosse necessário, ele faleceu e eu recolhi seu último suspiro. Morreu nos meus braços. Afastei a mãe do quarto, acomodei-a na sala, ela que perdera o marido. A mãe chorou discretamente, com rara dignidade. Eu não chorei, embora o coração me doesse e me soubesse sozinha para o resto da vida. Isto é, seria eu a senhora do pranto contido. Durante dois anos não derramei uma única lágrima. A mãe estranhou meu mutismo, a ausência de palavras que esclarecessem a minha dor. Mas, pouco depois, estando no Sul a convite dos tios Celina e Almeida, e minhas primas Maria Leonor e Maria da Glória, finalmente lhe escrevi uma carta justificando uma conduta falsamente heroica. Devia fazê-la me ver no gólgota do Cristo, onde me sentia estar. Só queria renunciar ao que fosse por ela, à vida tida até então, para resgatá-la da viuvez. Para zelar pelos bens da casa que nos sobraram. Nós que a cada dia padecíamos da deslealdade de tantos. Os golpes que fustigavam a viúva e a única filha.

Mas o que mais dizer, além de ter uma família que não se ausentou, de mãe e pai que me amaram com raro arrebato. Pude então, após a perda do pai, Lino, concentrar em Carmen todo o amor existente na terra. Herdei este afeto e sua promessa: farei qualquer sacrifício pela sua felicidade, minha filha.

Ajudou-me a ser a escritora que precisava ser para não morrer. E assim foi. Carmen, Lino, Daniel e Amada, estes últimos meus avós, formaram a família que nem os reis tiveram. Só eu, a escriba que ora lhes fala. Ou melhor, que ora lhes escreve sob os auspícios do maligno e do divino. Na expectativa de que a figura do avô mentor da minha ancestralidade oferte-me, quem sabe, seus olhos azuis como se fossem meu santo graal.

Seu sangue ainda hoje goteja em mim. Enquanto ele fez a América, tomei o caminho inverso, cheguei menina à aldeia de onde ele saiu. No afã de imitá-lo.

Não esquecia o Brasil ao levar as vacas da avó Isolina até o Pé da Mua, uma montanha de Cotobade que eu julgava ser o Himalaia. Nas aldeias vizinhas vivi o apogeu das descobertas. Quando tropeçava nas pedras da verdade ou da mentira, recorria ao avô, que estava a alguns quilômetros de mim. Não sei se tinha ele intenção de me corrigir. Ou preferiu uma neta libertária, imersa no abismo das dúvidas.

Nessas plagas galegas consumia gotas de um elixir que me ia fazendo uma escriba que mal sabia escrever.

Tardava em amadurecer. Como hoje tardo em envelhecer, sobretudo em morrer. Pois como acolher os fundamentos da vida, meu Deus? A fim de ser quem ora sou, de aguardar as lições da infância agora que estou tão próxima da finitude. Contudo sigo respeitando os riscos, sonhos e fracassos da vida.

128. O meu teto

Quanto a mim, o Brasil é a minha morada. O meu teto quente, a minha sopa fumegante. É a casa da minha carne e do meu espírito. É o alojamento provisório dos meus mortos. É a caixa mágica e inexplicável onde abrigam e se consomem os dias essenciais da minha vida.

O Brasil é a terra onde nascem as bananas da minha infância e as palavras do meu sempre precário vocabulário. Nele mergulhei e conheci emoções que não levavam nomes, cujas peles de ouro, de bronze e de prata, de poros espúrios nunca foram batizadas. Não tinham no pescoço como canga o sinete do desterro e do opróbrio.

Em qualquer circunstância, o Brasil é o paraíso essencial da minha memória. O que a vida ali plantou, brotou com abundância. Excedeu ao que eu sabia, ao que teria merecido saber. Pois cada memória brasileira corresponde à memória do mundo. Onde esteja o mundo é resguardado. Portanto, ao ser brasileira, sou grega, sou romana, sou egípcia, sou hebraica. Sou todas as civilizações que inexplicavelmente aportaram neste acampamento brasileiro.

Nesta terra, onde plantando-se nascem a traição, a sordidez, a banalidade, a espoliação. Mas que igualmente acolhe a alegria, a esperança, a ingenuidade, atributos alimentados pelo feijão preto bem temperado, o arroz soltinho, o bolo de milho, o mocotó, e tantos outros anjos feitos com gema de ovo.

Deste Brasil surgiram inesgotáveis sagas, narradores astutos, alegres mentirosos. Seres anônimos, heróis de si mesmos, poetas dos próprios sonhos, senhores de máscaras, as carnavalescas e as mortuárias. Criaturas que, afinadas com as torpezas e as inquietudes do seu tempo, acomodam-se esplêndidas à sombra da mangueira só pelo prazer de dedilhar as sete cordas do violão e do coração.

Neste litoral, que foi berço de jangadeiros, onde os saveiros da imaginação cruzavam as águas dos mares bravios em busca de peixes, de sereias e da proteção de Iemanjá, ali se instalaram culturas feitas de suor e sobras. Cada qual fincando bandeiras, hábitos, estribilhos, loucas demências nos nossos peitos.

Este Brasil que critico, corrijo, repudio, amo, do qual nasceu Machado de Assis, cujo determinismo falhou ao não prever a própria grandeza. Mas como poderia ele, pessimista e feroz, acatar uma existência que contrariava regras, previsões, fatalidades? Abraçar o Brasil, ser sua face e não soçobrar com ele?

É do Brasil, no entanto, que nasce e perece a palavra que o define e o apaga. E que lhe concede a alvorada diária.

Mas como assumir essa brasilidade que aparentemente é rarefeita? Responda, Deus, quem é o Brasil que compomos com o verbo e as notas musicais? Com o samba no pé?

129. Ser moderna

Ser moderna atrapalha a minha imaginação. Traz no seu bojo matéria espúria, passageira, que confunde a sensibilidade dos terrestres que mal sabem onde estão, ou o que estão herdando. Ou aplaudindo. Uma modernidade que proclama pela manhã o que há de esquecer no dia seguinte. E o faz em nome de uma grandeza do passado, que está nos museus e nas bibliotecas. Que vai sendo esquecida aos poucos. Esta grandeza que a grei enaltece é frívola, momentânea, envergonha-me. Quem manda ter eu em mira os gregos, os teólogos que fizeram a exegese de Deus, os construtores das catedrais, os renascentistas, os que forjaram as línguas com seus épicos agônicos.

É penoso conviver com a criação do meu tempo. Olho e apiedo-me. Como os demais sou obrigada a consagrar quando meu coração refuta a banalidade, a falta do toque do gênio. É difícil, pois, reconhecer valor nos trastes oriundos das pinceladas expulsas das latas de tinta. Assim a modernidade produz suas cólicas artísticas. Resta-me acautelar, não me expor diante da multidão que endeusa os novos bezerros de ouro enquanto aguarda Moisés descer do monte Sinai após receber as tábuas da lei. E torno-me servil e triste. Aceito que golpeiem minha alma.

Digo para mim mesma, em confissão, que sigo sendo arcaica para acercar-me do abismo da contemporaneidade. Educada pelos milênios que escrutinam o mundo e ainda hoje me pautam. Vislumbro os sentimentos de outrora como quando Sócrates ingeriu a cicuta e terá brindado a inteligência com a qual desafiara Atenas. Foram séculos que reverencio enquanto defendo o meu entorno simbólico com o pão da misericórdia que tanto escasseia.

130. Sou brutal

Sou brutal e refinada na escrita. Não refuto o que é do humano. Convivo com extremos embora não os queira na alma profunda. Sei que o sublime e o escatológico se enlaçam, caminham juntos. Contudo a noção da estética educa o gosto, chama-me a atenção para o equilíbrio que a narrativa requer. Esta ciência que, ao realçar o pecado ao longo do enredo, expõe a natureza humana às leis do céu e do inferno.

A contrapartida ao pecado cometido em público é o arrependimento, a admissão da culpa sumária. Convém que o personagem condenado por algum crime reconheça o sentido do mal. Mas caso sucumba à atração pela beleza do perverso incrustrada em sua carne, sem tirar o peso do castigo, nem o próprio autor pode livrá-lo do seu destino.

No que se refere ao ato de criar, não temo derramar sangue de qualquer personagem, aboli-lo da cena, caso a invenção o exija. Mas por que não conceder um leito de pétalas ao epílogo narrativo?

131. A mulher e sua psique

Na caverna a mulher já era mulher. Como hoje na ribalta. Sua psique carrega milênios, sobram-lhe penosas memórias. Subjugada, escrava, foi desfalcada do seu ser. Sujeita à força bruta dos que repartiam os poderes.

Ao longo do tempo, abdicou da primazia de formular seu pensamento, de fazer aflorar o que tinha no interior da alma, seu jazigo. Uma substância pousada entre tantos detritos históricos aguardando que ela faça a exegese necessária. Neste fosso da mulher está a história do mundo que ainda desconhecemos. Sem ela, porção preciosa, não saberemos decifrar nossa gênese, quem fomos ao longo dos tropeços da história. Pois quem tem as claves do conhecimento senão esta fêmea rejeitada e estoica? O que adicionar à cena pública que permita conhecermos sua psique? E que retrato esboçar dela a cada conquista e a cada perda? Meu Deus, quem é esta criatura que ignoro quem seja?

Acaso um indivíduo, um animal abatido, uma mera peça de carne?

132. A vida de hoje

A vida de hoje assemelha-se à vida que tive ontem. Sei, porém, não ser bem assim. Padeço de convulsões internas que se acentuam com o passar do tempo. E vão urdindo em mim um outro corpo, um ser que estranho tantas vezes. Contudo, frente aos demais, tenho o mesmo rosto onde fui depositando aos poucos rugas e experiências.

Do meu legado o mais contundente e valioso é a língua lusa, que por força do meu ofício transporto para cada recanto do planeta. Sou portanto alguém que, confiante nas próprias bravatas, acredita em seus acertos verbais enquanto repete a mesma frase quantas vezes julgue necessário. Pouco importando com reparos que lhe façam, desde que alcance graças a complexos meandros o resultado estético almejado.

Como escritora, sou comandada por preceitos que mais valia abandonar, a despeito de seus mistérios. Quantas vezes nada digo, mesmo sob a voltagem do pensamento. Sinto-me então *sub judice*, com a linguagem travada e a criação restrita, conquanto ame a tribuna que cobra a eloquência, os excessos vertiginosos do barroco que se alberga no coração brasileiro.

Nunca estive na ilha dos Amores que tantos realçaram na sua poesia. Talvez porque faça parte de uma humanidade que há muito se necrosou. Só posso zelar por pedaços da minha narrativa, que é apenas uma construção mental a serviço do entendimento humano. Pedaços mínimos de um repertório que se formou a partir dos momentos constitutivos da nossa gênese.

Minha vocação é esclarecer a história por meio de um simples rabisco encontrado em maltratado papiro imerso nas trevas dos milênios, das cavernas que foram lar.

Embora sem registro cronológico, os papiros, o que fossem eles, consagraram a arte. Inspiravam um juízo de valor que não aceitava expurgo a que pretexto fosse. Aquela arte provinha do labor coletivo, do brado daqueles de sobeja irracionalidade.

Ausculto, pois, os desígnios da criação. Seus veios poéticos que espelham minha condição, meus traços originais. Sujeita a uma ordem moral que pretende inibir excessos como a voracidade, o mal absoluto, e uma estética que negligencia as virtudes que realçam a piedade, o sentido da justiça. Assim os extremos da arte e da conduta constituem severa advertência a quem cria.

Portanto uma possível filosofia da estética oferta-nos a pujança do real. Interpreta o estatuto do pensamento, os acordes musicais, o alimento, o verbo, os nomes de batismo. Primoroso conjunto sem o qual não sabemos quem somos.

133. Sempre Vila Isabel

Desde cedo, em torno da comida fumegante, aprendi a interpretar a psique do imigrante, em especial o galego. Identificava os efeitos dramáticos da travessia atlântica em suas condutas. O que lhes acarretava na alma o distanciamento da pátria, um sentir que se traduzia por um esvaziamento interior que não sabiam eles esclarecer.

Notava como os avós e o pai temiam borrar o passado, esquecer como fora a vida tida na aldeia. Como, à sombra de certa melancolia, talvez carregassem no corpo o peso de uma precoce mortalha.

Minha infância, em meio a galegos e brasileiros, foi pródiga em afetos e saberes. Em Vila Isabel, ao lado da avó Amada, colhia seus discretos suspiros, como que resignada a nunca mais volver à sua pátria. Eu imaginava que a condição de imigrante, a que se submetera desde o desembarque no Brasil, não era fácil. O país tinha donos a imporem irrestrita obediência às práticas sociais que ditavam, a ela e aos brasileiros fora dos seus círculos.

Durante o curso narrativo de um livro que certa vez intitulei como minha Suma Teológica, eu repartia as passagens do cotidiano entre brasileiros natos e imigrantes, ambos grupos ansiosos por serem bafejados pela sorte, sem descuidar-me de acentuar os transes históricos e seculares, julgados imprescindíveis às ocorrências em pauta.

Ao lidar com estas facções sociais, as de casa e aquelas com que lidava na rua, eu sofria com os reveses sofridos por todos. Desde cedo era suscetível diante da dor alheia. Em especial relativa aos imigrantes, em cujo seio eu nascera. Vira como latejava neles um sofrimento que não deixavam transparecer. Observava o regozijo com que festejavam a fartura da mesa, cada travessa simbolizando sucesso.

Durante o trabalho, em benefício da escrita, eu pedia socorro à memória. Via em Eulália traços da avó Amada, como que a denunciar que o seu coração sangrara até a sua despedida. Também recorria frequentemente aos avós e ao pai, já falecidos, aos ancestrais enterrados há séculos nos átrios das igrejas galegas, para que me cedessem emoções, olhares, entranhas e histórias. Suas carnes e suas confidências. Pedaços de sua vida guardados nos baús, em sigilo de confissão. E, caso pudessem, falassem das humilhações sofridas a partir do barco que zarpou de Vigo em alguma manhã imersa na bruma, quando choraram. A nave do inferno que os desembarcou na praça Mauá, fonte futura da imaginação, decerto tomados por toda classe de paixão e medo.

134. A ficção e a não ficção

Os romances do mesmo autor não se confundem ou se aliam. Cada qual segue prerrogativas e desígnios próprios. Atrelados aos seus procedimentos estéticos. Quando imerjo no universo da invenção, com suas ações liberadoras, desprendidas das imposições documentais, desvio-me de uma conclusão previamente estabelecida. É válido o que empreender. A imaginação ditará a altura dos seus voos.

A não ficção segue regras e propósitos que lhe são impostos pelo próprio gênero. No caso, seus personagens não podem pleitear um destino oposto à sua origem histórica. Têm o endosso da história, com sua vida cercada de documentos. A história não tem a invenção a seu favor. Os gêneros opõem-se, distanciam-se em seus propósitos. Contudo, a arte de cada qual estabelece suas considerações, sendo falso supor que é plausível casá-las, mesmo não havendo similitude entre elas.

135. Politicamente correto

O politicamente correto é hoje matéria que nos persegue. Usado em tom impositivo, sua aplicação agiganta-se e pretende retificar a conturbada rota do mundo. Embora a consciência corretiva que existe em seu bojo procure aperfeiçoar a vida daqueles grupos socialmente humilhados, carece ele, em muitos casos, de tolerância, bom senso, conciliação, espírito histórico.

Isto se dá quando a aplicação do politicamente correto interfere de forma negativa naquelas áreas sob o domínio do mistério, da paixão, do desejo. Portanto ferindo culturas instauradas há milênios na vida das comunidades. Justo costumes que decerto mereceriam retificação, aperfeiçoamento democrático, mas não extração sumária, violenta, sob pena de sentirmo-nos acuados no mundo, temerosos de expressar sentimentos e emoções que os povos souberam ajustar às suas tradições.

O caso do menino de 6 anos, acusado nos Estados Unidos de assédio sexual, acentua o absurdo do politicamente correto, quando indevidamente interpretado. Este fato, contudo, tão ameaçador para as relações interpessoais, obriga-nos a considerar que só fomos capazes de praticar semelhantes ignomínias por havermos vivido no passado um tempo, vigente até agora, em que o estupro praticado contra a mulher constituiu arma de guerra, de humilhação, de persuasão. A mulher não conta com a solidariedade pública, e ainda recai sobre ela a suspeita de haver utilizado a sua infinita capacidade de seduzir o homem, merecedora portanto de castigo. Quanto a ele, por sua vez, livra-se da rubrica de crime hediondo.

Diante deste menino, vítima da tirania, registramos o desserviço que sua professora, responsável pela punição, proporciona às causas humanitárias. A pretexto de opor-se ao estupro, aplica castigo a um inocente. Dificulta assim que a sociedade reflita sobre um ato nefando, diariamente em curso. Vemos, pois, que quando o politicamente correto se excede e age de forma policialesca, intimidando os cidadãos, nega ele, por conseguinte, as razões fundamentais e morais de uma opção política que pretendeu extrair, ou reduzir, as práticas sociais de caráter cruel e injusto.

Essas questões, relativas ao politicamente correto, pairam no ar. Provocativas, nem sempre dispomos da melhor resposta para enfrentar suas instâncias tão complexas. Se de um lado, para aprimorar a consciência coletiva, terminamos adotando normas intimidantes, corremos o risco de mergulhar em um período obscurantista. Se, no entanto, deixarmos de alargar o debate público relativo aos interrogantes do estado moral do homem, se interrompermos a batalha pela conquista dos direitos humanos por temor dos excessos praticados, a paralisia, que adviria deste retrocesso, representaria grave colapso na história da humanidade.

136. Criação libertária

Ganho alento quando penso que a arte, sempre ela, de origem bastarda, sublime e pérfida, concentra saberes pejados de mistérios. Sua rebeldia, portanto, não aceita tutela e atestado ideológico de quem seja, menos ainda da Igreja e do Estado. Sua soberania rejeita árbitros tirânicos, expurgos, censuras odientas. Ela exige que unicamente o criador ilumine as tramas poéticas, estabeleça paradigmas e desígnios para narrar. Um ato do qual deriva uma substância humanista que espelha sua invenção transgressora, sem se descuidar do impulso da palavra que arrasta consigo a noção de uma ética sutil que inibe a voracidade humana.

É devido então conjugar estética e ética, que dão curso à defesa dos interesses de uma sociedade exposta ao pecado. Quando ambas, polos opostos, refletem uma realidade cuja arrogância insiste em interpretar os códigos vigentes. Aquele conjunto que baliza bárbaros e civilizados.

137. A fala do papiro

Faço seguidas indagações em torno do papiro que me dirá quem somos. De que tribo aprendemos a dispor o alimento na mesa, em torno da qual assinamos armistícios de guerra e de paz. Um grupo que se esquivou das ciladas para sobreviver e tecer maravilhas com suas guirlandas. Por mais que indague, ignoro o que dizer. Sei apenas onde nasci, e fui poupada do uso de cilícios a fim de purificar o corpo que ainda não pecara.

Quero, porém, saber com que ingredientes se forjaram indivíduos e nações. Se é possível confiar no caos da memória que mal sabe o que é verdade. Daí suspeitar que a natureza nossa não é confiável, é predatório quem se senta ao meu lado no banco do jardim a contemplar as rosas a pretexto de ser lírico. Alguém que talvez em um lapso de bondade redime a espécie humana. Mas de fato ele aspira sim, um naco de minha carne, como um troféu.

E não foi assim, com os corpos martirizados dos escravos, que se construíram as pirâmides previstas para enaltecerem a imortalidade? Aquelas metáforas que poeticamente frequentam o teatro humano?

E o que mais indago que não saberei responder? Acaso vale levar em conta os murmúrios da memória que ouço à noite?

138. O personagem

Os personagens buscam expor sentimentos e auferir vantagens de suas exposições. O que não revelam, esconde-se em algum rincão da narrativa. Mesmo que ajam sem justificar a ação. Não há uma arte imutável, ela é sempre transformadora. Tem sempre o que dizer.

Os personagens intuem onde se encontram ao longo do percurso. Contam com que o autor lhes diga, ou insinue. Não sendo figuras históricas, desobrigam-se a cumprir um destino que os seres reais viveram. Eles são ficção, padecem de ritmo inovador, devem aceitar que o autor desvie suas vidas para o céu ou para o inferno.

Salvam-se de interferências obrigatórias. Pedro II não pode deixar de ser o imperador do Brasil em um romance. Não lhe podem tirar o título que a história lhe outorgou. Mas se fora simples personagem, poderia ganhar e perder o título segundo as evoluções do enredo.

139. Para amar a língua

Para reverenciar a lírica camoniana, não faz falta a leitura de *Os lusíadas* a cada Semana Santa, como forma de penitência, ou como se visitasse o Cristo crucificado no topo do Calvário.

Camões habita a minha consciência linguística mesmo quando me distraio. Isto porque esta língua lusa é o instrumento de pensar o mundo, com ela se pragueja, proclama-se o obscuro e a luz, faz-se uso dos artifícios incontroláveis da barbárie para poetizar nossos recursos humanos. Inventa-se o que seja a partir de Camões, que unifica o céu e o inferno. Os membros da grande tribo que agoniza enquanto dilapida a língua mãe de todos. De uso comum dos que sangram em prol da densidade poética do vate. Dos que eternamente encaixados aos *Lusíadas*, sujeitam-se às metáforas terrestres.

Indago, aflita: o que terá Camões versejado que deu início à língua portuguesa? A pátria da alma.

140. Onde a arte se esconde

No fragor da batalha literária, palmilhava a memória reclusa, forçava as fendas verbais a se abrirem, extraía de cada frase partículas mínimas que anunciavam o nascimento do mundo e o milagre dos inventivos improvisos.

Sem cessar, recorria às lembranças familiares, que cobrissem o lendário da cozinha, do quintal, da sala do piano e da mesa de bilhar. Ampliava assim percepções oriundas dos ancestrais, dos vivos, de épocas longínquas, de um repertório que jamais se eclipsou. De fecundas memórias alojadas no meu ser narrador.

Pratiquei certamente uma arqueologia caseira, como era basilar ser. Para melhor cumprir os deveres do ofício, desenterrava fósseis, afugentava o pó do milênio, sempre grata por alimentarem a minha perplexidade.

Nem por isso, filha da caverna e do fogo, em que tempo fosse, descuidei das precárias modernidades do meu tempo, a cujas ações recorro, por julgá-las decorrentes do próprio apetite da arte. Portanto, brasileira da minha época, como tal apalpo as emoções provindas dos meus personagens. Faço com que seus estertores, decerto revolucionários, traduzam a humanidade.

À medida que inventava cada linha do romance, expandia a minha audácia. Passava a ser Madruga, Eulália, Odete, Venâncio. Era quem precisava ser. Dava passos incertos, mas indispensáveis. Importava-me dar alento à novas interpretações, converter vivências e revelações em salvo-conduto. Com ele incrementando a narrativa, redimensionando o que para Breta, neta de Madruga, constituía razão de ser. Uma matéria, dela e dos demais, em vivo contraste com uma Galícia atada a seu lendário arcaico. Ambas as perspectivas em si transgressoras.

Refugiava-me à sombra do verbo que jamais toldou minha liberdade literária. Seu universo multiplicador confirmava que a criação era necessariamente desrespeitosa, pecava sob o impulso de seus desatinos. Abria a porta que levava ao inferno ou ao firmamento, dois precipícios atraentes.

Tantos andrajos e desgraças povoavam a genealogia de Esperança, Xan, Eulália e filhos. Um desfile de seres, cujas vozes corais e variados pontos de vista cediam-me uma pauta compatível com cenários criadores.

Eulália, no frontispício da próxima morte, dando começo ao livro, comovia-me. Parecia sofrer sem emitir um som. Distante de Galícia, despedia-se de um Brasil incapaz de se cristalizar. Refinada dama, e esposa de Madruga, servia à própria memória e à do pai que, devido a sua pequena fidalguia, comandava os membros de sua casta. Muito cedo ela convencera-se de que os homens não sabiam narrar, mostravam-se inaptos em lidar com os enredos secretos do aroma humano. Segundo sua crença, inclusive a religiosa, tal missão cabia a Deus, o grande narrador da civilização. Apesar de mal conhecer o mundo, ela encarregara-se de preservar em caixas individuais, que correspondiam a cada filho, singelas lembranças tidas como significativas para seus rebentos. Pensava assim vocalizar os sentimentos da família e a memória do país distante.

Nada lhe dizia o verossímil das coisas e dos fatos. Apenas lidava com o crédulo, o palpável, o veraz. Seu lugar na terra era repousar no banco de alguma capela que sonhava existir no reino de Deus. Talvez devesse recolher o que via abandonado no chão e com estes ciscos tecer os meandros da sua fé. Jamais duvidara da ciência de Deus ou aceitara a tentação de cruzar em seu caminho com algum melodioso poeta provençal.

Os racontos, para Eulália, representavam uma excursão pela geografia da alma. Como a reconhecer que os personagens, uma vez sob o jugo da ambiguidade, da estética tirana, vivendo em meio aos tropeços, não obedeciam às linhas retas.

Diante de tantas perturbadoras convicções, eu explorava à exaustão os veios auríferos do romance, pepitas e pedras ilusórias. Resistia em apagar o que outrora boiara na superfície da terra. O que o humano produzira integrava-se automaticamente ao rol dos haveres civilizatórios. Devia sobreviver.

Assim acatei a antiguidade poética das criaturas, dos objetos, dos atos, sobretudo das vibrações latentes da realidade. Talvez por intuir que, por trás de semelhante visão, perdurava uma eloquência verbal que permeava os interstícios da criação, deixava transparecer uma verdade narrativa. Enquanto acentuava, ao longo de *A república dos sonhos*, o nível de representação daqueles corpos amontoados na ribalta.

Mas, para o bem da história, eu devia cuidar do destino dos personagens. Devolvê-los aos seus casebres e castelos, onde, alojados, seriam meros facínoras ou sátiros goliardos. Sem esquecer que o romance, em sua totalidade, resumia de certo modo quem eu era. Havia que fixar nas linhas mestras meu labor de romancista. Provar-me feudatária da memória que espelhava as funduras do mundo.

Eu respirava por meio do livro. Dei-lhe o coração e ele o seu. Deixei de ser Nélida e metamorfoseei-me em Madruga, Xan, Breta, Eulália e os demais. O que eles exigiam, eu lhes cedia. Ofertava-lhes o apogeu da imaginação, as querelas, os encantos, o sentimento de perenidade. O paroxismo, enfim, do incenso sagrado do poético que pedia a perfeição estética. E assim foi até o epílogo.

141. As tentações estéticas

A aliança com o divino não é mera vocação que se insurge contra a realidade que nos despoja. Mas impõe ao ser brasileiro a adoção de uma poética dos prodígios, tão associada às religiões. À confiança restauradora que este divino inspira ao nosso imaginário.

Quanto a mim, sigo nostálgica da misericórdia alheia. Da auréola da santidade. Contudo pouco sei dos santos, e menos ainda dos pecadores como eu, que nos deixamos tragar pelo torvelinho das atrações malignas.

Salva-me, porém, o ovo quente que ingiro a cada manhã. Este ovo alvo como uma alma pura a ditar-me confiança na vida, ainda que breve. Assim, sozinha com minha fé e meus demônios, agarro-me às instruções da manhã. Prossigo, liberta das tentações estéticas que nada têm a ver com meu corpo exausto.

142. Influência de Clarice

Perguntam-me se registro alguma influência de Clarice Lispector em meus textos. Não hesito em negar, salvo afirmar minha profunda admiração por sua obra, que só vim a conhecer depois de ter escrito o meu primeiro livro, *Guia-mapa de Gabriel Arcanjo*, em 1961. Quem, aliás, me chamou a atenção sobre a escrita de Clarice Lispector foi Rachel de Queiroz, minha primeira leitora. E lendo-a mais tarde, reconheci-lhe a deslumbrante singularidade de seus contos. No entanto, minha criação, conquanto permeada como a dela pela soberania da linguagem, no que tange ao universo romanesco diferencia-se do intimismo ficcional de Clarice. As composições de minha lavra desenvolveram-se em cenários com lastros históricos, impregnados com evocações seculares.

Leitora de Tucídides, Heródoto e dos viajantes medievalistas, aprendi a povoar minhas cenas com personagens assentados, sim, em seu tempo, mas com sintomas herdados do acúmulo civilizatório. Um universo que, graças às camadas visíveis e submersas, ensejava uma narrativa de sugestões arqueológicas. Por confiar nos efeitos da História nos destinos individuais, os personagens, afetados por sub-reptícia ancestralidade, colhiam com naturalidade os rastros do real e do poético.

Mas consoante com São Paulo, que confessava tudo dever aos gregos, aos romanos, aos antigos e aos clássicos, devo tudo aos saberes do mundo. Sou feita das leituras que, ao cravarem setas no meu coração, alteraram o sentido das coisas, e tornaram-me protagonista do que vivi. Assim, com sua grandeza, Clarice Lispector integra o meu mais precioso panteão.

143. A vaidade

A vaidade dizima quem escreve. Costura o coração e a língua, que deixam de existir. Enferruja a alma que chegara a criar e obscurece a visão crítica. E, ao exaltar a si próprio, o autor torna-se Zeus que vigia o mundo desde o monte Olimpo. Pobre do que se pensa dono da arte.

É fácil ser arrastado pelas correntes das bravatas que afogam o ego. Pousar sobre o pedestal de mármore da glória enquanto colhe aplausos. Tendente a ignorar o que há além dele, o que se projeta fora do perímetro da sua cama, onde morre um pouco a cada dia.

Não sei o que sondar diante de quem se julga dono da clave do mistério que ronda a criação. Alguém que perante o espelho indaga se haverá outro melhor do que ele? Se em teologia acaso compete com o Cristo, ou Paulo de Tarso? E é alvo do amor que sente por si mesmo? Crente de pisar a trilha do seu triunfo? Sem freios, o trem que leva seus sonhos jamais descarrilha.

Desde 1961, frequento o meio literário. Colhi afagos e látegos. Absorvi as agruras do ofício como parte de minha aprendizagem. Eram as pétalas que chegam ao lar. Jamais a dor que vinha de fora demoliu meu humanismo, que me edificara desde a infância. Tudo que destilasse veneno em nome da literatura, eu rechaçava. A partir do momento em que meu generoso e inesquecível editor Gumercindo Rocha Dorea convocou-me a ir à sua casa, em Botafogo, para ver o primeiro exemplar do meu romance *Guia-mapa de Gabriel Arcanjo*, apressei-me, ansiosa, tomada por intensa emoção. A caminho, detive--me na orla da lagoa Rodrigo de Freitas. Senti de repente o fardo do meu destino, os perigos que me circundariam a partir da legalização da minha existência de escritora. Seria punida por existir como uma escriba pouco afeita a grupos, a cumplicidades perniciosas, que comandassem meu rumo estético. Concluí que o ofício me traria alegria, o poderoso segredo do verbo, mas também golpes desferidos por adversários desleais. Em contrapartida, não haveriam de me encontrar indefesa, magoada, ressentida.

Passados mais de sessenta anos acertei com as injustiças, e também com a generosidade de muitos. Há um equilíbrio em minha vida de escritora e agradeço. Mas sigo pensando na voracidade que emana de tantos parceiros. Falta a solidariedade em muitos para reconhecer a grandeza dos seus contemporâneos. Prossigo homenageando aqueles que deram-me as mãos, enquanto pavimentaram meus dias com a esperança.

As caídas não perduravam. O inferno estava onde o humano pusera. Dante me ensinara a configurá-lo. E a crueldade fazia o resto.

Os perigos reinantes persistem. Lamento os omissos que, podendo cultivar a elegância moral, insistem em ser um desafeto inútil. Inconformados com a ascensão literária de um parceiro, enquanto obscurecem seus méritos. Decerto uma inveja coletiva que dificulta sobremaneira a avaliação estética de determinada época, e priva quem padece de seus efeitos de ocupar um lugar justo na história brasileira. Observo o provincianismo que reparte arbitrariedades ao privilegiar quem pertence a sua esfera de interesses.

Igualmente lamento a indiferença com que os autores mais velhos, ainda vivos, são tratados pelos mais jovens, como que os soterrassem do lado de fora do panteão pátrio. Sou de uma geração que zelava em homenagear aqueles que abriram arduamente as veredas em um país tão ingrato quanto o Brasil, e nos deixavam passar.

144. Pandemia

Não aceitei resignar-me e declarar-me vencida sem ter sido sequer atingida pela epidemia. A partir do dia 12 de março de 2020, após uma sessão na Academia Brasileira de Letras, recolhi-me à casa para enfrentar a quarentena como se semelhante ocorrência fizesse parte de uma vida que não escolhera, mas tocara-me viver. Com esta deliberação tomada, sob o amparo de ditames éticos e religiosos, a reclusão absoluta tornou-se a oportunidade de usufruir das chaves secretas de uma realidade inovadora, mediante a qual sondaria o cotidiano recluso e a minha alma até então libertária.

Desde o decreto que me impus, devotei-me ao término do romance *Um dia chegarei a Sagres*, iniciado em 2018, em Lisboa, onde me instalei para escrevê-lo enquanto apurava meus saberes sobre o transcurso histórico de Portugal a partir do século XV. Ciente da necessidade de acentuar a minha sensibilidade narrativa com os primórdios sigilosos de uma língua que os meus personagens, na vigência do século XIX, terão falado em seus solilóquios. Confiante decerto que as verdades livrescas que eu propugnava adviriam dos monumentos, da paisagem, do que falava e guardava na memória ossos e carne do passado, de sua miséria e grandeza.

E assim foi. Com os originais prontos, retornei ao Brasil e avancei nas seguidas versões. Até que o advento da pandemia, com seus estigmas trágicos, cedeu-me um tempo propício para viver ou para morrer, e que ocupei para criar, para imergir na soberana arte da escrita. A debruçar longas jornadas sobre cada frase, na expectativa de encerrar aquela odisseia narrativa, a despeito das dores que me laceravam oriundas da realidade externa. Pois como distanciar-me das mortes, dos sofrimentos coletivos, da economia dilacerada, da humanidade em chamas?

Encerrada em casa, não desci sequer ao playground do prédio, e nem pedi asilo ao elevador, que este cubículo me desse a ilusão de estar viajando, de um andar a outro. Meu lar era a imaginação que o universo tinha à sua disposição. E os próprios objetos em torno diziam-me por que ali estavam, convocando-me a dar-lhes destino após minha despedida, uma vez que não poderiam ficar sem dono.

Estes instantes que ora relato expressam discretos regozijos que nunca arrefeceram. Sobremaneira à chegada em casa das sacolas trazendo legumes, pão, queijos, embutidos, o que dava alento ao espírito e ao corpo. Eu preparava então pequenas mochilas a serem entregues a um casal querido, praticamente vizinho, Cloyra e Marco, e eles em troca regalavam-me com suas iguarias. Também outros farnéis faço chegar aos amigos no afã de surpreendê-los. De que maneira proclamar meu amor pelo humano, além de me ocupar na prática com quem carece do básico?

Ao redor de mim nada parecia fraquejar. Como se fora combinado espelhava no dia a dia minha fé nas pautas civilizatórias. Não registro nos meus sentimentos uma mínima estridência, talvez lágrimas secretas que, no entanto, não me desgovernam. Afinal, há muito que prantear diante da miséria que assola o mundo.

Os pequenos prazeres, contudo, brotam de diversas fontes, em especial do pão sobre a mesa. Graças a eles louvo a vida a cada amanhecer. Estou serena. Embora estremeça diante das convulsões que ora perpassam a humanidade que jamais repousa. Mas conto com a presença de Suzy e Pilara Piñon, minhas amadas cachorrinhas. Alegres, elas enriquecem o sentido do lar, alardeiam dias e noites benfazejas. E a este convívio agrego a música que me acompanha desde a infância, dela jamais me aparto.

Não temo o futuro, o que há de advir. Por agora, após entregar meu novo livro à editora Record, aguardo sua publicação em outubro do ano de 2020. Os editores Sônia Machado, Carlos Andreazza e eu, em gesto audaz, assumimos tempos amargos, mas confiamos na grandeza da literatura brasileira. Atados pela crença no porvir, daremos o bom combate paulino. Seremos certamente bafejados pela brisa da esperança. Amém, queridos leitores.

145. Sucessores

Sou filha de uma grei ávida. De um berço do encontro entre civilizados e bárbaros que outrora ostentaram a coroa do desgoverno, da selvagem cobiça.

Nesta América, onde o Brasil é em si um continente, soçobram culturas originárias, autóctones, de longo curso civilizatório. E que semearam uma cultura propícia a interpretar quem somos. Vinda do passado, sempre pronta para chegar ao futuro, onde estamos, que lhes impusemos o nosso direito a interpretar a história e a criação.

Mas a fim de chegar ao porvir, que somos nós, devemos sofrer o peso da conquista, da colonização, dos fracassos históricos, da ruína que advém das mudanças feitas à custa de sangue e violência. A necessidade de interpretar o sentido da modernidade a partir da nossa própria antropologia cultural. Esta cultura que o continente ostenta traduz uma maneira particular de se relacionar com o mundo. De interrogar em que circunstâncias o pensamento e a ação abandonaram os limites morais impostos pela sociedade, em troca de noções históricas já consagradas.

Por ocasião dos embates havidos entre as culturas impostas desde a colônia, e as que sobretudo provieram da realidade mestiça, disposta a rebelar-se contra semelhante imposição da civilização ocidental que aspirava a ser universal.

Como sucessora de um passado que conheceu fracassos históricos e utopias frustradas, nossa identidade fundamenta-se em um ideário que se ampara nas marcas iconográficas que representam os estágios vividos desde tempos imemoriais. E cujo sentido da modernidade nos torna americanos, que propugna por uma identidade que nos represente, calcada na nossa alma. Intuindo talvez que semelhante modernidade é bater as portas do nosso ser. Ao cerne deste enigma.

146. Gostar em estado de graça

Louvo o estado de graça no exercício da criação. Reivindico a glória da memória e preparo a mesa para meus comensais. Abençoo a família que tive, a língua que falo, o país que tenho a despeito de tantas iniquidades. Reverencio o Deus que forjo a cada amanhecer. Assim são as minhas labaredas felizes.

As dúvidas permeiam o trabalho literário até seu término. Mas se dissolvem à medida que labuto com extremada radicalidade, e reduzo a zero minhas hesitações. Um corte de navalha sem piedade na carne do texto. De tudo, porém, derivando pequenas aleluias devidas a uma única frase que ao surgir atingiu o âmago da sua natureza poética. Assim logro acercar-me do mito da criação.

Temo sempre não obter a febre que a linguagem requer para dar credibilidade ao romance. Não ter respeitado os segredos que advêm dos personagens que esboço no afã de torná-los o arquétipo que devem encarnar. Não conseguir multiplicar o efeito que as frases devem produzir no transcurso narrativo. E, claro, não atentar às artimanhas da técnica. Ah, é tanto o que depende da minha misericórdia estética para o meu livro afinal viver. Recolher então todas as obrigações que a humanidade proclamou ao longo dos séculos. Para assegurar que a narrativa é certidão de nascimento e de óbito dos viventes. E que leva ainda hoje a assinatura de Shakespeare, de Cervantes, do próprio Deus, quando concebeu o paraíso ocupado pelos personagens Adão e Eva.

147. A fantasia

O amor que devotei à mãe, que a imortalizou no meu ser, levou-me a perscrutar os enigmas havidos. E entender que a vida requer fantasia prestes a evaporar-se, sempre substituída por outra em contínuo jogo de frustrações.

25 de outubro de 2022

Este livro foi composto na tipografia Dante MT Std,
em corpo 12/16, e impresso em
papel off-white no Sistema Cameron da
Divisão Gráfica da Distribuidora Record.